幼儿园区域活动指导丛书

幼儿园区域创设与活动指导：
科　学　区

王春红　劳莉莉　沈梦菁　陶晓红　著

苏州大学出版社

图书在版编目(CIP)数据

幼儿园区域创设与活动指导. 科学区 / 王春红等著. 苏州 : 苏州大学出版社,2024. 10. --(幼儿园区域活动指导丛书 / 张晗,王亚红主编). --ISBN 978-7-5672-4908-0

Ⅰ. G612

中国国家版本馆 CIP 数据核字第 2024BW7021 号

You'eryuan Quyu Chuangshe Yu Huodong Zhidao: Kexue Qu

书　　名: 幼儿园区域创设与活动指导:科学区

著　　者: 王春红　劳莉莉　沈梦菁　陶晓红

责任编辑: 管兆宁

装帧设计: 吴　钰

出版发行: 苏州大学出版社(Soochow University Press)

社　　址: 苏州市十梓街 1 号　**邮编:** 215006

印　　装: 苏州市越洋印刷有限公司

网　　址: http://www.sudapress.com

邮购热线: 0512-67480030

销售热线: 0512-67481020

开　　本: 787 mm×1 092 mm　1/16　**印张:** 11.25　**字数:** 227 千

版　　次: 2024 年 10 月第 1 版

印　　次: 2024 年 10 月第 1 次印刷

书　　号: ISBN 978-7-5672-4908-0

定　　价: 45.00 元

若发现印装错误,请与本社联系调换。

服务热线:0512-67481020

苏州大学出版社邮箱　sdcbs@suda.edu.cn

总 序

在推进课程游戏化项目的过程中，江苏省教育厅强化了几项基本任务，其中就有深入开展区域活动。区域活动对幼儿园课程的实施来说，是基本的和重要的途径。但在十多年前，这一点并没有得到充分认可。课程游戏化让很多教师认识到区域在课程实施中扮演了重要的角色，组织多样化的区域活动是课程游戏化项目重点关注的工作内容。区域是一种非全班性的组织方式，有助于减少对全班集体活动的依赖，有助于推进儿童的小组学习、个别学习，有助于儿童的自主游戏，也有助于满足不同儿童的活动需要。很难想象，没有区域活动的开展，幼儿园如何注重个体差异，实现真正有效的因材施教。因此，区域活动是有助于儿童获得多样化经验，能够顾及儿童个体需要的适合幼儿园课程实施的活动形式，现在已经成为很多幼儿园课程实施的重要途径。

这里所说的“区域”是对班级室内或走廊环境以及场地环境的一种分隔，区域分隔主要是从活动和功能的意义上说的，而不只是从空间意义上说的。不同区域的材料不同、活动不同，能满足儿童不同的需要，能让儿童获得不同的经验，因此区域具有多样性和可选择性。多样性意味着除了一些基本的区域，班级还可以根据课程的需要尤其是儿童的需要，创设新的区域，体现了课程的灵活性和适应性。可选择性意味着儿童的自主性，儿童的需要得到了关照和满足，关注每一个儿童的发展需要就成为了可能。

区域活动作为幼儿园课程的主要实施途径，它包含了空间、时间、材料、儿童等要素，不同的儿童会在同一个区域中开展不同的活动。空间、时间、材料等适合儿童，活动就可能顺利开展，儿童就可能获得经验；反之，儿童就可能没有兴趣，活动就难以开展。课程游戏化项目推进的过程中，要努力引导教师研究儿童，研究材料，研究适宜的时间和空间，要努力让区域发挥应有的作用。

区域活动中，教师应注重观察、适当介入、有效指导，为幼儿的主动发展提供条件。教师如放任不管、过于随意，就不可能引发幼儿的深层学习，不可能让幼儿不断面临挑战，也不可能让幼儿形成新的经验。创设丰富多元、灵活适宜的活动区域是幼儿园开展区域活动的基本条件和必要前提。对于幼儿园来说，区域如何规划，是因园、因班而异的，是与幼儿园、班级实际空间、幼儿数量等都密切相关的，甚至不同的季节、不同的天气、不同的主题及幼儿的兴致都可能影响区域的安排。区域规划要有利于幼儿的活动，要符合幼儿身心发展规律和学习特点，有利于幼儿经验的获得。区域的规划应注重多样性、互补性、互动性和发展性。不同的区域有不同的活动和任务，性质也可能各异，不是所有的区域都具有完全相同的功能，但不同区域之间可以进行协调和互动。对区域活动而言，有些区域可能自发性和游戏性更强一些，有些区域可能目的性和探究性更强一些。在区域规划时，一定要将幼儿游戏兴趣与发展需要作为区域设置的重要依据，既确保幼儿的自由游戏时间和空间，又确保幼儿经验的有效发展。

幼儿是在行动中学习的，幼儿与周围环境，尤其是与材料的相互作用，是幼儿获得经验的重要途径。区域活动中教师要研究每一种资源的功能，研究不同资源之间的协同和配合，最大限度地发挥资源的教育价值。要根据幼儿的兴趣和需要，组织和改造资源，将基本资源和辅助资源有机结合起来。要从幼儿的年龄特点出发，确保活动资源的可选择性、可获得性、适宜性和挑战性，要真正满足幼儿活动的需要，促进幼儿持续的学习。要深入关注幼儿利用资源进行互动的过程，发现问题，加强指导，使资源在活动的过程中真正转化为幼儿的经验。

“幼儿园区域活动指导丛书”的作者就是基于以上思考，依托江苏省“双师型”名师工作室与江苏省高校“青蓝工程”优秀教学团队的力量，立足幼儿园区域创设与活动实施中的真实问题，在《幼儿园工作规程》《3—6 岁儿童学习与发展指南》《幼儿园保育教育质量评估指南》等文件精神引领下，基于“经验视野下幼儿园区域创设与活动指导”的科学观念与实践策略，对生活区、语言区、角色区、科学区、数学区、建构区、美工区、公共区域等八个不同区域进行系统的研究和总结，凸显了丛书的全面性与引领性。此套丛书既有理论思考，又有实践关怀，让我们看到了幼儿园区域活动的独特魅力与丰富价值。

期待该丛书能为更多幼儿园区域规划、环境创设、活动实施提供有益的借鉴与指导，更好地实现幼儿个性化全面发展的需要，为学前教育高质量发展贡献力量。

虞永平

2024 年 8 月

丛书前言

区域活动是江苏省幼儿园课程游戏化项目的主要建设内容，也是课程游戏化项目推进中的一个难点。苏州市吴江区作为江苏省幼儿园课程游戏化项目区域推进的先行者之一，多年来在区教育局、教研室以及高校专家的引领下，持续深入地对室内区域环境创设与活动指导进行研究探索、反思优化，已形成了相对成熟的理论架构与实践经验，现将实践成果凝练成文并出版，以期与所有幼教同仁共同研讨。

1. 区域活动是践行“游戏是幼儿园基本活动”理念的重要途径

2001 年，教育部颁印的《幼儿园教育指导纲要（试行）》指出，“尊重幼儿身心发展的规律和学习特点，以游戏为基本活动”，“幼儿园应为幼儿提供健康、丰富的生活和活动环境，满足他们多方面发展的需要，使他们在快乐的童年生活中获得有益于身心发展的经验”。基于幼儿经验全面发展需要，创设种类多样、数量丰富的区域，投放充足、适宜的区域材料，可满足幼儿通过“直接感知、实际操作、亲身体验”获取经验的需要。

2. 区域活动是克服幼儿园“小学化”现象的重要策略

2011 年，《教育部关于规范幼儿园保育教育工作　防止和纠正“小学化”现象的通知》指出，“创设适宜幼儿发展的良好条件，整治‘小学化’教育环境。幼儿园要创设多种区域活动空间，配备丰富的玩具、游戏材料和幼儿读物，为幼儿自主游戏和学习探索提供机会和条件”。2018 年，《教育部办公厅关于开展幼儿园“小学化”专项治理工作的通知》提出，“对于未按规定创设多种活动区域（区角），未提供充足的玩教具、游戏材料和图书，缺乏激发幼儿探究兴趣、强健体魄、自主游戏的教育环境的，要调整幼儿园活动区域设置，合理利用室内外环境，创设开放的、多样的区域活动空间，并配备必要的符合幼儿年龄特点的玩教具、游戏材料、图画书”。

3. 区域活动是落实江苏省幼儿园课程游戏化精神的重要内容

2014 年，江苏省教育厅、财政厅《关于开展幼儿园课程游戏化建设的通知》指出，“构建游戏化活动区域。以尊重幼儿兴趣爱好、激发幼儿自主活动为宗旨，根据课程实施进展情况，创建数量充足、种类多样、材料丰富、与幼儿发展相适宜的游戏区域。区域活动中教师注重观察、适当介入、有效指导，为幼儿主动发展提供条件保障”。作为课程游戏化实施的重要载体，不同种类、不同难度的区域活动为幼儿提供了丰富的内容选择与广阔的挑战空间，激发了幼儿的活动兴趣与探索欲望，促进幼儿积极建构新经验，极大地转变了以“端坐静听”为主的教学方式。

4. 区域活动是实现学前教育高质量发展的重要举措

2023 年 7 月，《教育部 国家发展改革委 财政部关于实施新时代基础教育扩优提质行动计划的意见》明确要求，“加快构建幼有优育、学有优教的高质量基础教育体系”。高质量学前教育的核心在于实现每位幼儿在自己原有基础上的最优发展，即个性的全面发展。教育部《幼儿园工作规程》提出，“幼儿园应当根据幼儿的年龄特点指导游戏，鼓励和支持幼儿根据自身兴趣、需要和经验水平，自主选择游戏内容、游戏材料和伙伴，使幼儿在游戏过程中获得积极的情绪情感，促进幼儿能力和个性的全面发展”。

本套丛书共分 9 册：《经验视野下幼儿园区域创设与活动指导》《幼儿园区域创设与活动指导：生活区》《幼儿园区域创设与活动指导：语言区》《幼儿园区域创设与活动指导：角色区》《幼儿园区域创设与活动指导：科学区》《幼儿园区域创设与活动指导：数学区》《幼儿园区域创设与活动指导：建构区》《幼儿园区域创设与活动指导：美工区》《在同构、互融中共生——幼儿园公共区域创设与活动指导》。全套书由总到分，系统涵盖幼儿园主要区域类型，指向幼儿经验全面发展需要。当然，本套丛书也是一个开放的体系，后续的音乐区等相关区域如有好的探索成果，我们会继续丰富。

本套丛书的每一分册都从一个区域的研究现状与趋势出发，链接《3—6 岁儿童学习与发展指南》，从核心价值与联动价值两个方面分析区域活动经验价值；基于区域价值的实现进行区域创设，包括空间规划、环境创设、材料投放、规则与标识创设等；在区域创设的基础上，放手让幼儿自主活动，教师进行观察、倾听，适时、适宜地进行区域活动的指导；探索不同区域之间、区域活动与其他活动之间的有机联系、相互渗透的路径与方法。本套丛书将理论与实践有机结合，注重案例启发，对开展幼儿园区域活动有较好的借鉴意义。每册书图文并茂，区域创设、活动指导的路径与策略通俗易懂，旨在为幼儿园教师提供全面、实用的指导方案。

本套丛书的顺利出版得益于江苏省“双师型”名师工作室和江苏省高校“青蓝工程”优秀教学团队的资助，得益于苏州幼儿师范高等专科学校、吴江区教育局的大力支持。本套丛书是全体作者共同努力的成果，编写时借鉴、参考了国内外已有的研究成果，在此向一路上给予支持与帮助的领导、前辈和同行表示由衷的感谢！

本套丛书参与者较多，尽管每个人都尽了很大努力，由于研究能力所限，丛书内容尚未完全达到理想的状态，难免存在错误、缺漏和不当之处，敬请广大读者批评指正！

张　晗　王亚红

2024 年 8 月

前言

幼儿园科学区是幼儿自由探索科学世界的场所，是幼儿表达对周围世界的好奇和疑问、寻找答案的空间，是幼儿学习科学知识、培养科学素养的摇篮。幼儿在科学区不仅化身为“小小科学家”，真实地去“看”科学、“听”科学、“记”科学，更是在实实在在地“做”科学，从而获得属于自己的科学经验和知识。

本书集中展示了苏州市吴江区盛泽幼儿园和南麻幼儿园在科学区探索与实践中的最新成果，梳理了科学区已有研究现状和实践问题，从科学区幼儿发展的经验价值出发进行区域创设，满足幼儿通过“直接感知、实际操作、亲身体验”获取经验的需要。本书以观察为基础，组织实施科学区活动，提升幼儿科学区活动的适宜性与有效性，从而实现幼儿个性化的全面发展。

本书内容凸显理论与实践的融合：理论部分，系统阐述科学区的基本概念、特征以及研究现状，从核心价值和联动价值两个方面分析区域活动经验价值；实践部分，通过大量真实案例和翔实的活动实录，细致分析和阐述科学区空间规划、环境创设、规则制定、标识设置及材料投放的途径、方法与策略，以及活动设计、组织和实施的过程等，内容具体且可操作性强。

本书具有以下三个特点：（1）前瞻性。基于儿童经验发展指向以及《幼儿园工作规程》《幼儿园教育指导纲要（试行）》《3—6岁儿童学习与发展指南》等文件，贯彻江苏省幼儿课程游戏化精神，借鉴最新理论成果，在遵循规律的基础上注重成果创新。（2）实践性。针对科学区教育实践中的问题，从区域适宜性、有效性视角出发，总结实践经验与教学智慧，形成简单明了、易于实操的参照策略，给予读者启示和借鉴。（3）可读性。以导图引领、图文并茂、视频讲解等多种方式呈现，语言文字浅显易懂，便于读者理解和掌握。

本书是在苏州幼儿师范高等专科学校张晗教授伴随式指导下完成的，编写过程中参考了部分国内外学者、幼教工作者有关学术文献、实践案例，也得到了苏州大学出版社的大力支持，在此一并表示感谢。

本书是诸位作者多年实践探索与理论研究的结晶，但囿于水平，不当、不足之处恐在所难免，还望各位读者批评指正。我们将永续前行，不断优化与完善。

目 录

第一章 寻根觅源 知常达变

——科学区概述

本章简介

具有自由发现可能、富有游戏性质的科学区是幼儿进行科学探究的主要场所，其活动形式应该是多种多样的，充满自主选择的机会。本章是幼儿教师在现代科学教育观的指导下，结合多年教学实践经验，共同研究、合作探索的经验总结，主要介绍科学区的概念、特征与价值，以及研究状况与存在问题，为幼儿园区域活动探究提供有益的借鉴和参考。

思维导图

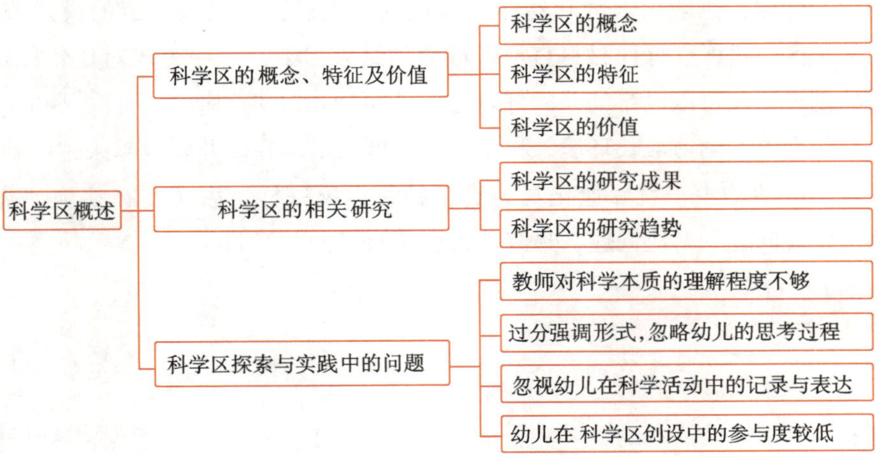

第一节　科学区的概念、特征及价值

区域活动是幼儿园课程实施中最能体现幼儿自主活动的一种组织形式，也被称为“区角学习”“活动区活动”“学习中心或兴趣角活动”等，一般指幼儿园根据幼儿的兴趣和发展需要，为幼儿设置的教育环境或场景，幼儿通过与环境和材料的互动获得个性化发展的活动，其自主性是被广泛认同的。

在幼儿教育活动中，区域创设是一项至关重要的任务，它不仅关系到幼儿的学习环境，更直接影响到他们的全面发展。根据《幼儿园教育指导纲要（试行）》（简称《纲要》）的指导，幼儿教育内容被划分为健康、语言、社会、科学和艺术五大领域，这为幼儿园创设区域提供了基础逻辑框架，即生活区、语言区、社会区、科学区和艺术区五大基本区域。这五大基本大类区域各自承载着不同的教育目标和发展支持：生活区强调幼儿的日常生活技能和习惯培养；语言区则注重幼儿语言表达和沟通能力的提升；社会区致力于培养幼儿社交能力和情感认知；科学区则鼓励幼儿探索自然、观察现象、培养逻辑思维和解决问题的能力；艺术区培养幼儿在欣赏和创作中感受美的力量。这五大区域并非孤立存在，而是需要积极融通，形成一个和谐统一的教育环境。

一、科学区的概念

科学区是指在幼儿园班级的活动室内或者利用班级走廊等合适场地，创设的一个可以供幼儿自由地进行科学观察、探索、实验、操作的空间，它是一个相对自由、自主的活动区域，一般由教师和幼儿共同规划、创设，不强调固定的模式或程序，但幼儿从选区、进区、操作材料直至区域活动结束，都会有一个相对比较稳定的流程，它的创设不仅可以满足幼儿的好奇心，还可以给幼儿创造一个自主探究、自我观察、合作交流的学习成长环境。科学区内开展的活动在幼儿园也越来越受到重视，幼儿在科学区活动中，就好像化身为真正的科学家一样，去实实在在地“做”科学，从中发现问题、解决问题，最终获得属于自己的新经验。

二、科学区的特征

（一）探究性显著

自发性科学探究活动的最大特点是活动的出发点与幼儿的兴趣点紧密相连，以幼儿的好奇为动力，以教师的鼓励为支持。教育部《3—6 岁儿童学习与发展指南》（简称《指南》）指出：科学教育的核心是探究，作为与幼儿朝夕相处的一线教师，必定要开动脑筋创造条件让幼儿实际参与探究活动，使其感受到科学探究的过程和方法，体验获得新经验的快乐。因此，科学区活动最显著的特征是其具有探究性。

（二）可操作性强

材料是区域创设的关键之一，也直接关系到区域活动的开展和幼儿的兴趣探索。对于科学区来说，幼儿的探索兴趣极为重要，因此，材料具有可操作性也是科学区的特征之一。选择材料之后的实际操作阶段是幼儿投入兴趣和专注力的时期，操作方法不同，幼儿在活动过程中所获得的知识经验也就不同。这个过程的关键是操作所引发的结果能引起幼儿持续的探究兴趣，给予幼儿发现的喜悦感和成功的满足感。

（三）蕴含趣味性

科学无处不在，蕴含无穷的自然奥秘，科学区活动不仅探究性显著、可操作性强，还蕴含趣味性。好玩有趣的科学小实验，为幼儿插上科学的翅膀，不断提升着幼儿的知识和技能，让幼儿在丰富多样的科学游戏中激发兴趣，形成乐于探索一切未知事物的习惯，乐于也勇于将脑海中的小问号一一消除。在这片属于自己的快乐小天地里，自主选择、自由探索后获得成功的那份满足、那种兴奋更是幼儿最真实的情感表露。

三、科学区的价值

（一）促进幼儿科学素养的养成

《幼儿园科学领域教育精要：关键经验与活动指导》一书中指出：科学的核心在于探究；科学的本质，不在于已经认识的真理，而在于探索真理。科学过程的核心在于探究，科学态度的核心也在于探究，而获得科学知识，正是科学探究的具体结果。同时，科学是科学知识、科学方法和科学态度的结合体，这三个部分是相互联系、密不可分的。

幼儿周围的世界充满了可以去探索和学习的内容，而好奇、好问、好探索的特点又形成了幼儿不断自发探索和学习的动力，他们用自己的身体和感官探索着这个奇妙的世界。科学区提供了丰富的、可操作性强的活动材料，幼儿可根据自己的兴趣，自主地选择材料和活动内容，通过观察、操作、记录、分享等不同的探索方式，在这片自由小天地里体验从失败到成功，从疑惑到明白，最终获得新经验。

基于幼儿本位的视角，聚焦幼儿科学学习的核心经验，幼儿园教师应从空间布局、材料投放等方面进一步优化科学区的环境，在科学区活动与主题活动、生活活动、户外活动以及教学活动的融合中，进一步优化组织活动内容的策略，并在科学区的指导方面做更深入的研究，从而更有效地促进幼儿科学素养的养成。

（二）促进幼儿探究能力的提高

俗话说，兴趣是最好的老师。在科学教育中，呵护和培养幼儿对周围事物和现象及其相互关系的好奇心、兴趣和探究欲望是关键，是培养幼儿科学探究能力的前提，这将成为幼儿终身学习和发展的动力机制，会让幼儿终身受益。《指南》中也指出，幼儿的科学学习是在探究具体事物和解决实际问题中，尝试发现事物间的异同和联系的过程，幼儿科学学习的核心是激发探究兴趣，体验探究过程，发展初步的探究能力。在科学区活动中，幼儿可以借助于材料、环境、与同伴的多元互动，感知事物的特性及事物之间的相互关系，体验探究的过程，逐步养成良好的学习品质和科学思维方式。幼儿是通过直接接触材料、动手操作材料、充分感知材料、反复体验材料来学习科学的，因此教师在科学探索活动中，应合理、科学、有序地为幼儿提供有关材料，让幼儿充分动手、动脑、动口，这对培养幼儿的科学探究能力非常重要。

科学实验是科学探究的最有效的手段之一，它简单易行，具有游戏性和趣味性。教师要将科学实验的规范融入教育活动中，从而培养幼儿严谨的科学态度，而不仅限于让幼儿随便动手做一做、看一看、说一说，教师要让科学教育活动真正发挥作用，从而真正促进幼儿科学探究能力的养成。

第二节　科学区的相关研究

一、科学区的研究成果

在中国知网、中国期刊全文数据库等相关网站上，以“幼儿园科学区”为主题进行搜索可以发现，许多学者对于幼儿园科学区的研究分析主要集中在科学区的环境创设、材料投放与使用、活动案例分析、活动中教师的指导及幼儿观察行为分析等方面，相对来说，对于科学区创设中的普适性过程经验及幼儿活动的个性化设计指导的研究内容相对较少。以下是国内外学者关于科学区的一些研究成果。

（一）国内关于科学区的研究

1. 科学区环境创设的相关研究

施燕将幼儿园科学区划分为室内与室外区域，其中室内区域包含了自然角、科学活动室等。[1] 汤志民曾提出科学区环境创设的六大原则是科学性和教育性、主体性和选择性、探索性和操作性、启蒙性和层次性、综合性和趣味性、安全性和卫生性。[2] 陶纪秋提出科学区创设要强调幼儿学习的探究性与互动性。[3] 刘占英曾指出，班内科学区的墙面可以粘贴相关实验的操作步骤及实验示意图。[4] 宦雄英强调，科学区环境创设的重点是要创设有灵性的环境，增强环境的启发性、游戏性及动态性，吸引幼儿探索的欲望。[5] 彭敏认为，科学区环境的创设要能够激发幼儿的参与意愿、尝试兴趣，并建议教师将枯燥的科学知识转换为可视化墙面环境。除科学知识的墙面环境外，还可以设置记录型墙面、主题性墙面、互动性墙面。[6]

2. 科学区材料投放的相关研究

国内学者对科学区材料的种类有不同维度的划分。徐文提出，幼儿园应提供趣味性、开放性、生活化及自然性的科学材料。[7] 丁紫薇从投放种类、数量等维度对科学区活动材料进行调查，最终将材料划分为成型及未成型的材料，其中包括成型的玩具，也包括生活化的未成型的低结构材料。[8] 施燕提出，可以将材料划分为操作时间类材料、创新制作类材料、与科学相关的材料、研究工具类材料。[9] 曹宇指出，科学区材料可分为观察阅读类、科学玩具类、科学实验类、制作创造类。[10]《湖北省幼儿园保教设备配备标准》中将科学区材料分为磁性类、弹性类、力学类、平衡类、光学类、声响类和电类七类。

除科学区材料的种类外，学者们还对科学区材料的投放原则及策略进行了探讨。刘秀艳、王晓亚认为，科学区材料的投放应具备丰富性、趣味性、可塑性、地方性、操作性、启发性、目标性、情感性等原则。[11] 任格格认为，科学区材料应具有操作性、层次性及生活性。[12] 马有国则认为，科学区活动材料投放要有持续性、探究

---

［1］施燕．学前儿童科学教育与活动指导［M］．上海：华东师范大学出版社，2014.
［2］汤志民．幼儿园环境创设指导与实例［M］．上海：华东师范大学出版社，2013.
［3］陶纪秋．幼儿园科学教育环境创设的原则与策略［J］．学前教育研究，2010（5）：63-65.
［4］刘占兰．让墙饰成为孩子学习过程和结果的记录［J］．幼儿教育，2003（9）：40.
［5］宦雄英．幼儿园科学区域活动的有效指导［J］．山东教育．2015（11）：33-34.
［6］彭敏．家园共育视角下幼儿健康教育的有效实施［J］．新一代，2021（3），250，255.
［7］徐文．幼儿园科学区活动材料的现状研究［D］．福州：福建师范大学，2015.
［8］丁紫薇．幼儿园科学区活动材料投放及使用现状研究［D］．长沙：湖南师范大学，2018.
［9］施燕．学前儿童科学教育［M］．北京：中国广播电视大学出版社，2007.
［10］曹宇．幼儿园科学区角材料投放及使用研究［J］．幼儿教育（教育科学版），2006（11）：25-27.
［11］刘秀艳，王晓亚．论幼儿园活动区域材料投放原则［J］．牡丹江教育学院学报，2013（3）：75-76.
［12］任格格．浅析幼儿园大班科学区域活动的材料投放［J］．教育教学论坛，2013（26）：265-266.

性、安全性、多样性、动态性及丰富性。[1] 殷秀莲认为，材料投放应跟随主题活动，注重材料的层次性和多样性。[2] 仇玉兰提出，材料要能激发幼儿持续探究的欲望，具有科学性和动态性、安全性。[3] 王慧颖也曾指出，科学区材料的投放可结合主题进行层次投放，动态地进行补充和更新。[4]

3. 科学区活动指导策略的相关研究

已有研究表明，教师指导在幼儿科学区活动的不同时间段应有针对性的策略。杨磊认为，教师指导幼儿科学区活动的主要建议是尊重幼儿的个体差异，营造良好的支持性学习氛围，鼓励幼儿间的交流与合作，培养幼儿主动学习的科学态度。教师良好的科学素养是幼儿探究式科学活动的前提和保障。[5] 杨莉君与邓双指出，在观察指导环节，教师应在观察的过程中适时介入，适度指导。[6] 王蓉阐述了“问题探究式”科学教育内涵，并重点指出，幼儿科学活动中教师应起到引导、支持的作用及具体实施途径。[7] 高芹认为，“探究—研讨”是幼儿开展科学活动的主要方式，在幼儿科学活动的过程中，教师应始终扮演幼儿学习的支持和促进者，帮助幼儿概括经验。[8] 梁龙芳认为，教师在区角活动中的指导行为包括非语言性的指导，旨在帮助幼儿创设良好宽松的心理氛围。[9] 韩莉对教师的语言策略提出了“建议性”“辨析式”等支持幼儿自主探究的有益建议。[10] 在科学活动的评价环节，姜东玲认为评价的方式应多元化。[11] 李槐青认为，教师应该重视诊断性及形成性的评价，评价形式应多样，内容全面，以便于更好地激发幼儿科学能力的发展。[12]

总体来说，我国对于幼儿园科学区的问题有着很高的关注度，从物质环境的创设到教师角色的定位，我们都应把握好，灵活有度。根据现有的文献资料显示，科学区材料投放方面的研究呈现出多元化的维度和丰富的内容，对实际教学工作具有重要的参考价值。然而，关于教师在幼儿科学活动过程中的指导策略方面，目前的

---

[1] 马有国．幼儿园大班区角活动材料投放的实践研究［J］．学周刊，2017（12）：202-203.

[2] 殷秀莲．幼儿科学区探索活动创设与材料投放探研［J］．成才之路，2018（36）：76.

[3] 仇玉兰．幼儿园科学活动区材料提供的策略研究［J］．上海课程教学研究，2017（11）：49-53.

[4] 王慧颖．幼儿园科学区的创设［J］．基础教育研究，2015（9）：85-86.

[5] 杨磊．幼儿园科学区角活动的调查分析：以江苏省某科学教育特色幼儿园为例［J］．陕西学前师范学院学报，2016（10）：37-41.

[6] 杨莉君，邓双．幼儿园区域活动教师指导的有效性研究：以湖南省部分示范性幼儿园为例［J］．教师教育研究，2012（2）：33-37.

[7] 王蓉．“问题探究式”幼儿科学教育活动探究［J］．教育评论，2015（6）：130-132.

[8] 高芹．兰本达的“探究—研讨”教学法对幼儿科学教育的启示［M］．教育探索，2009（4）：139-141.

[9] 梁龙芳．幼儿园区域活动中教师非言语行为的个案研究［D］．兰州：西北师范大学，2014.

[10] 韩莉．幼儿园开展区域游戏活动的策略［J］．学前教育研究，2013（9）：70-72.

[11] 姜冬玲．四环节模式区域活动与幼儿自主学习能力的发展［J］．学前教育研究，2017（2）：67-69.

[12] 李槐青．当前幼儿园科学教育中的问题及对策［D］．长沙：湖南师范大学，2006：70.

研究尚显零散，缺乏足够的全面性和系统性。

（二）国外关于科学区的研究

1. 科学区创设的相关研究

区域创设对于幼儿的学习至关重要，如朱莉·布拉德曾从两个方面论证了环境对儿童学习的影响。[1] 国外学者大多认为区域创设应该从多方面去考量，例如，从空间规划及材料投放等不同方面。对于活动区的开放或封闭，不同学者有着不同的见解。如朱莉·布拉德认为，科学区的创设应该是封闭式的，并且应该设置在教室内相对安静的区域，这样能够更有利于幼儿进行专注的学习探究。[2] 加德纳的“多元智能理论”为其多彩光谱项目提供了理论基础，光谱项目采用“学习区”，针对八种智能将学习区划分为数学区、科学区、语言区、艺术区、社会区、音乐区、建构区、运动区。[3] 韦卡特在其开发的 High/Scope 课程中指出，围绕儿童发展所需要的“关键经验”可以创设各个活动区，但活动区的数量及种类并不是固定不变的，需要根据幼儿自主学习的兴趣及水平进行相应的变化。美国学者在活动区设置上认为，室内的任何角落都可以作为幼儿的活动区，但同样，他认为开放过多的活动区将导致幼儿注意力不集中，降低幼儿学习质量，因此不宜开放过多的活动区。

相对于区域创设中学者们对于空间规划上的探讨，国外关于幼儿园区域材料投放的相关研究较少。相关游戏材料的理论有著名的福禄贝尔恩物理论，他倡导利用幼儿认知特点及学习兴趣创造的恩物（指儿童学习教具）激发幼儿的创造性活动及自主学习，因此恩物既是玩具也是游戏材料。布鲁纳认为幼儿感兴趣的材料是幼儿学习最好的刺激，材料的投放应着眼于幼儿爱玩的事物。蒙台梭利的吸收性心智中提出，活动材料的设计首先要吸引幼儿，激发幼儿好奇心，让幼儿感兴趣。游戏材料的提供必须基于幼儿已有经验，材料的难易程度应与幼儿的认知能力发展相结合，提倡由易到难，由简到繁。韦卡特的 High/Scope 课程中也提出游戏材料应多样且充足，能够反映幼儿的家庭生活，有利于幼儿良好生活习惯的养成。

2. 科学区教师角色、素养及活动指导的相关研究

在幼儿进行科学区活动时，教师的角色定位对于幼儿的学习深度具有重要影响。很多学者认为，对于科学概念，教师可以用直接教授科学词汇的方式帮助幼儿理解

[1] 爱泼斯坦．学前教育中的主动学习精要：认识高宽课程模式［M］．霍力岩，等译．北京：教育科学出版社，2012.

[2] 朱莉·布拉德．0—8 岁儿童学习环境创设［M］．陈妃燕，彭楚芸，译．南京：南京师范大学出版社，2014.

[3] 陈杰琦，莫兰，加德纳．多元智能在全球［M］．北京：中国人民大学出版社，2010.

科学概念的实际含义。但也有学者对此观点持反对态度，里兹认为应尊重幼儿对科学现象感知后的词汇表达，教师在幼儿科学学习中仅仅只是一个帮助者而并非为直接的指导者。在简·约翰斯顿提出的教师角色论中，教师是幼儿学习的推动者，教师角色在不同的教学方法中有所不同，在科学指导活动中，教师要适度地传授幼儿科学知识；在幼儿自主探索发现类活动中，教师应成为幼儿学习的激励者及创新的启发者。不同的教学方法中教师也可能会成为召集者、引导者，但总的来说，不同教学方法中的教师角色具有一致的角色特征，即都推动着幼儿的学习。

对于教师应具备怎样的科学素养，朱莉·布拉德在其提出的 13 条教师支持科学区学习的策略中指出，教师在幼儿进行科学区活动时应持续与幼儿进行互动，并强调了教师激发幼儿好奇心的重要性。道恩·加本也曾指出，教师必须熟练掌握丰富的科学知识，具备解决问题的能力，才能对幼儿的科学活动进行行之有效的指导。伊莱思·豪斯对教师在科学活动中的指导提出了一定的要求，他认为教师不仅需要记录活动过程，还需要在分析整理后对幼儿的学习提出建议和鼓励引导。

外国学者站在教育工作者的角度进行了很多实践性的研究，并总结出很多科学教育的经验性教学法。兰本达在“探究—研讨”教学法中指出，教师扮演支持者和引导者角色，通过不断激发幼儿对自然科学及周围世界的探索兴趣，提供结构化的材料，引导幼儿经历科学家探究发现的过程，培养其发现交流、思维碰撞中的思维水平的不断发展及科学概念的日益丰富。罗威尔的探究式科学教育批判了忽略科学领域核心内容，随意开展的科学教育，指出高质量的儿童科学探究活动必须对主体及内容有清晰且适宜的定位，儿童应在探究中获得一些重要的科学概念。谢尔曼的科学游戏论中指出，幼儿科学学习应来源于幼儿生活，科学活动即有规则的科学游戏，幼儿在符合身心发展规律的游戏中学习科学，保持对科学的好奇，并在规则中发展科学探究的能力。

综上所述，各国的幼儿科学教育内容既有共性又有个性，其对于科学区的创设与活动指导更多的是站在教师的角度，对区域的空间规划等方面的研究。总之，科学区活动的有效开展离不开教师的科学素养、良好的环境及材料，幼儿的科学学习发展也离不开幼儿的主动探究及生活链接。

二、科学区的研究趋势

全球来看，对于幼儿科学活动的有效开展，各国均有不同特色。近年来，随着我国幼教改革的不断深入，幼儿园科学区的创设研究逐渐从丰富单个理论层面转向侧重实践的检验与完善。从不同视角进行分析，主要呈现以下几种趋势。

（一）新兴教育理念下，科学区创设思路逐步转化

在STEM、儿童视角、“大概念”等新兴理论的引导下，幼儿科学区创设日益优化，以更精细、更全面的方式满足幼儿的发展需求，并极大地突出幼儿在学习过程中的主体地位。在“大概念”教育理念中，它强调把握知识核心概念，通过逻辑清晰的知识体系，引导幼儿串联知识点以形成完整网络，有效避免知识碎片化，促进幼儿深入理解，引发深度学习。同时，引导幼儿将知识应用于生活，促进经验迁移和拓展，提升实践及解决问题能力。

新兴教育理念为科学区的创设起到了引领作用，科学区的创设正向着更科学性、更人性化的方向发展。教师努力探索和实践，为幼儿的全面发展创造更加优质的学习环境。

（二）聚焦区域生活化材料的互动性

目前，关于区域环境创设的研究仍有进一步拓展的空间，提升科学区的互动性对学习者、教育者和科学区本身都有着积极的影响。聚焦生活化材料的合理投放，已成为新的热点与研究方向，众多实践研究已充分证实其与科学区教育价值之间联系紧密，生活化、本土化的材料投放将有效提升人与区域的互动性。幼儿区域活动的环境必须具有标志性、支架性和互动性，材料的投放要注意材料本身的材质，适应幼儿年龄特点，促进幼儿学习行为。

（三）评价策略的优化

从教师层面来看，当前幼儿园科学区教师指导工作的重心在于提升教师在活动过程中的观察力与分析能力，以及评价反馈的有效性。研究焦点主要集中在将科学区活动细化后，教师在各个环节中的具体指导策略，包括教师在不同环节中的角色定位、具体的指导方法，以及采用何种方式进行科学有效的评价。

此外，幼儿作为活动的主体对象，在科学区活动中的交往互动、学习过程以及可能产生的冲突等问题一直备受关注，因此加强幼儿自身的教育有望成为未来研究的重要趋势。

第三节　科学区探索与实践中的问题

科学区是幼儿学习科学知识、进行科学探究的重要场所，具有其独特的教育价值。但在具体实践中，无论是在科学区创设，还是在活动指导过程中，都存在着许

多问题。

一、教师对科学本质的理解程度不够

当代的科学观已经全面地揭示了科学的内涵：科学是科学知识、科学方法和科学态度的结合体，这三个部分是相互联系、密不可分的。[1] 部分教师由于自身对科学本质缺乏理解，狭隘地认为科学就是科学知识，忽视了科学的探究过程与其背后的科学态度。例如，教师在活动中提到乌龟是需要冬眠的动物，然而有小朋友提及家里的乌龟在冬天并没有冬眠时，教师没有否决这位小朋友的回答，而是拿出一本动物百科全书，引导小朋友一起看书上对乌龟的生活习性的描述，乌龟到了冬天都会冬眠。这位老师看似带着孩子去探究了乌龟的生活习性，实则她只是将这一知识强行灌输给孩子，忽视了孩子的探究过程。

在实际指导中，这位教师可以将幼儿的疑惑作为一次教育契机，他可以这样做：请小朋友将乌龟带到幼儿园，安置在班级的自然角里，请小朋友们一同观察、记录乌龟的真实生活状态，引导幼儿在饲养、观察的过程中熟悉乌龟的生活习性，发展幼儿的科学探究能力，同时也解答了乌龟是否冬眠这一问题。如果只是照本宣科地将书上的知识灌输给幼儿，幼儿就只能获得零碎、粗浅的知识，无法培养幼儿的科学探究能力和思考能力。

二、过分强调形式，忽略幼儿的思考过程

科学的核心在于探究，《指南》中也提到“幼儿的科学学习是在探究具体事物和解决实际问题中，尝试发现事物间的异同和联系的过程”。然而部分教师认为科学探究就是动手操作，忽视了幼儿在探究过程中的质疑与猜想，忽略了幼儿将知识进行内化的过程。教师在活动中一般都会安排好幼儿探究、操作的环节，具体组织时往往有意无意地把控幼儿探究的进程，让幼儿操作似乎也只是为了“验证”教师预想的目标，往往对幼儿探究过程中的奇思妙想和富有创造性的做法视而不见甚至横加阻止。有些教师给幼儿提供多种科学区的游戏材料，不管幼儿是无目的地玩耍，还是在尝试解决一些问题，一概而论地认为，只要幼儿动手操作了就是在进行科学探究。例如，在做科学区里的沉浮实验时，教师看到幼儿依次将石头、橡皮泥、木片、弹珠等材料放进水里，便认为幼儿已经了解了沉浮的科学道理，迫不及待地让幼儿通过“↑”“↓”标记记录下实验的结果。而真正的科学探究是幼儿要有思考的过程，通过动手操作与动脑思考相结合，获得解决实际问题的能力，掌握相应的

[1] 张俊．幼儿园科学领域教育精要：关键经验与活动指导［M］．北京：教育科学出版社，2015.

技能和知识。一个有经验的教师，可以通过追问的方式或引导性的语言让幼儿思考为什么有些物体会浮在水面上，有什么办法可以让这些物体沉下去。通过语言的交流让幼儿形成对问题的理解、对观点的验证。

教师只看到幼儿表面上的、形式上的动手操作和不需动脑的浅层探究。有的教师倾向于多提供材料，不断转换活动环节，喜欢把活动搞得“热热闹闹”，使幼儿总是处于兴奋状态。其实，这并不利于幼儿培养积极主动、认真专注的学习品质。从表面上看，幼儿是在动手探究，似乎对探究很感兴趣，但实际上，他们很多时候只是为了操作而操作，这种注重形式的探究、单纯的操作并不能激发幼儿深层次的思考。例如，在科学区的运水活动中，教师提供了两个碗及漏斗、杯子、海绵等运水工具。幼儿在摆弄这些材料时，更多的“工作”就是反复倒水，这种不需要思考的操作是低水平的，对培养幼儿良好的学习品质没有作用。

陶行知先生说过：发明千千万，起点是一问。发现和提出问题不仅是幼儿好奇心与学习兴趣的表现形式，也是幼儿进行科学探索、寻找答案的起点。如果教师总是漠视或不予回应幼儿的问题，那么幼儿提问的热情和意识也会逐渐消失。在指导幼儿活动时，教师应积极鼓励幼儿发现和提出问题；应重视和认真对待幼儿提出的问题；应支持和引导幼儿进行猜想和假设；应尝试帮助幼儿分析问题，并设计解决问题的方案。猜想和假设是幼儿主动建构知识的前提，也是幼儿科学思维启蒙的实践策略之一，因此教师必须重视幼儿的思考过程。

三、忽视幼儿在科学活动中的记录与表达

科学活动中的记录与表达是幼儿进行科学学习的重要环节。幼儿通过图画、符号、数字等方式记录过程，有助于教师了解幼儿当时的想法与感受，有针对性地进行指导，也有助于幼儿回顾自己的探究过程。《指南》中提到“鼓励幼儿用绘画、照相、做标本等方法记录观察和探究的过程和结果，注意要让记录有意义，通过记录帮助幼儿丰富观察经验、建立事物之间的联系和分享发现”。在实地走访和观察中，我们发现许多教师并不关注幼儿记录的内容。幼儿由于表征能力不足，常会出现错记、漏记、记录错位等现象，教师为了让幼儿尽快完成记录任务，会直接介入，通过直接讲解的方式引导幼儿调整、修改记录结果。这种直接介入的方式会让幼儿产生依赖感，弱化独立思考解决问题的意识。因此，教师应当了解幼儿记录的进展情况，准确解读幼儿的记录经验，关注幼儿的情感体验，对幼儿的记录结果进行针对性的指导。

此外，在活动结束后的分享环节，常有这样一个现象：教师只让幼儿分享自己的科学记录内容，而忽略让幼儿对记录结果进行讨论的环节。幼儿表达与讨论自己

的分享结果有助于幼儿回顾探究过程，梳理探究思路，总结探究经验；同时，幼儿表达与讨论的过程也有助于幼儿发现新问题，对当时的科学活动进行深入探究。

记录表是幼儿进行科学探究必不可少的工具，然而大部分班级里的记录表都是由教师一手准备的，基本没有幼儿的参与，而且教师准备的记录表过于复杂，幼儿难以解读，常出现不会记录的情况，亦或是幼儿对该记录表完全不感兴趣。记录表既然是幼儿使用的工具，就应该由幼儿自己去讨论、设计，教师只是在旁指导，记录表的内容要符合幼儿的已有经验和兴趣特点，从而提高幼儿在记录活动中的主体地位和参与度。

四、幼儿在科学区创设中的参与度较低

幼儿是科学区的主人，创设科学区不仅仅是教师的任务，应该重视幼儿的主体地位，鼓励幼儿参与到科学区创设的全过程中，引发幼儿主动构建的经验。

目前在大部分班级中，科学区的创设主体是教师，教师根据动静分离、采光要求等对班级内的科学区进行划分，并投放相关的材料。从一定角度来说，科学区是幼儿教师包办的。所谓幼儿参与，只是在科学区的墙面、柜子上摆放或张贴一些幼儿的科学作品、照片、记录表等。但这一类物品的展示对幼儿科学能力的发展几乎没有作用，不能算是幼儿对科学区创设的真正参与。

让幼儿主动参与到科学区的创设有许多方法。例如，科学区的主题设立可以结合幼儿的兴趣，请幼儿说说自己对当前主题的疑惑，想要了解的内容、知识等；也可以通过发放调查表、亲子互动的方式记录下幼儿的兴趣点，通过倾听幼儿的意见，给予幼儿创作与表现的机会，鼓励幼儿动手装饰科学区。

在收集和投放科学区材料时，教师和幼儿可以结合主题一起讨论所需的材料种类及数量，谈谈哪些是幼儿园已有的，哪些是可以从户外获得的，哪些是需要爸爸妈妈帮忙一起收集的。让幼儿参与科学区材料的收集与投放，一方面可以帮助幼儿更好地了解材料的属性与性能；另一方面可以让幼儿在明确本主题要探究的科学问题的基础上，主动思考所需材料，这也是幼儿发现问题、解决问题的第一步。收集和投放材料并不仅仅是科学活动的准备环节，也是科学活动的实施过程，幼儿可以在收集和投放中建构自己的经验，并获得相关的关键经验及科学技能。

第二章 价值引领　有的放矢

——科学区活动经验价值

本章简介

科学区活动经验价值主要指幼儿激发的探究兴趣、获得的探究能力、积累的科学知识，还包括幼儿在情感社交、游戏活动等方面的体验，经验价值对儿童的成长和发展起着重要作用。科学区活动经验价值的确立以《指南》为主要依据，以科学领域的研究成果为重要参考，充分考虑了不同年龄段幼儿发展的差异性与层次性。本章从核心价值和联动价值两方面来阐述经验价值，并结合具体案例进行梳理和分析，以期对幼儿园科学区活动的开展提供有效的指导。

思维导图

- 科学区活动经验价值
  - 科学区活动经验价值概述
    - 科学区核心价值
    - 科学区联动价值
    - 经验价值分析的意义
  - 各年龄段幼儿科学区活动经验价值
    - 小班经验价值及案例分析
    - 中班经验价值及案例分析
    - 大班经验价值及案例分析
  - 基于经验价值组织科学区活动的策略
    - 重视核心价值，兼顾联动价值
    - 联系生活实际
    - 重视探究能力
    - 采用多种方式

第一节　科学区活动经验价值概述

幼儿发展效果是评价区域活动质量的主要指标，而幼儿发展主要是经验的发展，经验对儿童发展的重要性是教育的一个永恒话题。然而经验是什么？它有价值判断标准吗？陈鹤琴先生的“五指课程”理论认为，幼儿的所有生活体验都可以成为幼儿教育的经验。杜威、皮亚杰都是经验主义者，他们认为儿童有了经验以后才建立起知识体系。《3—6岁儿童学习与发展指南》把“经验”确立为幼儿课程的主要内容。经验是知识的一种基本形态，幼儿园课程体系中首先要解决“什么经验最有价值”的问题。大量的文献分析与实践研究表明，区域活动的经验价值有一定的范畴，主要包含核心价值和联动价值，研究和分析幼儿区域活动经验价值具有重要意义。

幼儿园科学区是一个培养幼儿热爱科学、提升科学素养的主要的教学场所，其独特的价值也越来越受到重视。对幼儿来说，他们的科学学习不仅是听科学、记科学，更是实实在在地“做”科学，幼儿在与环境的相互作用中发现问题、解决问题，从而获得属于自己的经验。

一、科学区核心价值

科学区核心价值是科学区自身所具有的最本质、最关键的，区别于其他活动区的“特有”的经验价值，是幼儿在科学区活动中理解和掌握并能熟练运用的科学探究经验。幼儿科学区的核心价值涉及科学兴趣、探究能力和科学概念三个方面。

（一）科学兴趣

科学兴趣意味着幼儿对周围事物的好奇心和求知欲，以及由此生发的自主探究、亲近科学、乐于与他人分享科学知识、理解科学知识、肯定科学价值等积极的心理倾向，是幼儿探索复杂的科学世界源源不断的动力。

（二）探究能力

探究能力是幼儿在探究解决问题的过程中，综合运用各种方法的能力。幼儿运用观察比较、实验验证、调查测量等基本方法，在发现问题、分析问题、解决问题的过程中获得初步的探究能力，一般包括观察探索能力、思考验证能力、交流想法能力、使用工具和技术能力等。

（三）科学概念

科学概念涉及生命科学、物质科学、地球与空间科学三个科学概念维度，在科学区意味着幼儿能够了解常见物体的材料与特性、知道物体的位置运动和声光电磁等常见物理现象、了解科技产品及环境等知识。在幼儿阶段，幼儿对于抽象的科学概念是难于理解的，在科学区探究中幼儿所获得的知识主要是科学经验。

二、科学区联动价值

科学区联动价值是指幼儿在进行活动时，所具有的感觉、动作、认知、语言、情绪、表达等状态，还有好奇、兴趣、坚持、专注等学习品质。联动价值体现了幼儿教育中一个重要的原则，即教育活动不应孤立地针对某一方面的发展，而应促进幼儿身心各方面的和谐发展。因为科学探究本身就是一个综合性的活动，它不仅能够促进儿童对自然世界的好奇心和探究欲，还能在多个层面上促进其全面发展，具体表现在以下几个方面：

（1）感觉与动作：幼儿通过直接接触实验材料，比如观察光影、探索磁铁特性或是进行简单的物理实验，可以锻炼其手眼协调能力和身体控制力。

（2）认知与思维：科学区提供的开放性问题和实验机会能激发幼儿的问题解决能力、逻辑推理能力和批判性思考能力。

（3）语言与交流：讨论实验结果、描述观察到的现象以及解释科学原理等活动能够提升幼儿的语言表达能力和社交沟通技巧。

（4）情感与态度：当幼儿在科学活动中体验到成功和失败，并从中学习如何应对挫折时，他们的自信心、好奇心以及持续探索的兴趣就会得到培养。

（5）社会性与合作：小组合作完成项目或实验可以增进同伴间的相互理解和支持，同时也能培养团队协作精神。

例如，在沉浮实验中，幼儿把物体放在水中进行探索实验，一方面看，幼儿看到了物体的沉浮现象，发现了改变物体沉浮的方法，学习记录了实验结果；另一方面看，我们看到了幼儿在探索过程中的愉悦感和满足感，获得成功后的体验感，以及积极乐观、勇于探索、不怕困难、坚持不懈的意志品质。

三、科学区活动经验价值分析的意义

（一）察觉和保护幼儿的探究兴趣

《指南》中以“好奇”“好问”“好探究”三个关键词来概括幼儿的探究兴趣，同时指出好奇心和兴趣是幼儿科学探究中的首要目标和前提性目标。由此可见，保护幼儿的好奇心和探究兴趣具有重要的意义。科学区的实验中，幼儿把物体放入水中的时候，他也许已经在感知沉浮现象；幼儿把不倒翁推来推去的时候，他也许已经开始注意物体的重心问题；幼儿在摆弄磁铁的时候，他也许已经和磁力产生交集，感受同极相斥、异极相吸等物理现象带来的新体验。兴趣是幼儿最宝贵的体验，教师应当用心察觉幼儿的兴趣所在，尊重幼儿的需求、想象和创造，为幼儿提供相应的指导和协助来保护幼儿的探究兴趣。

（二）观察和理解幼儿的探究行为

在科学区，幼儿可以自主选择活动内容、活动材料、活动方式，按照自己的兴趣与需要进行科学探究和科学游戏。因此，教师要放手让幼儿自己去探究。那么幼儿在自主探究行为中是否能得到学习与发展呢？这些探究行为是否符合该年龄段幼儿的一般发展水平与行为表现呢？教师作为幼儿学习与发展的引导者、支持者，需要有目的、有计划地对幼儿进行持续性的观察和了解。梳理和分析各年龄段幼儿科学区的经验价值，将它作为观察幼儿、理解幼儿的抓手，使教师看到幼儿在科学区活动中的观察、比较、实验、测量等探究行为，理解幼儿行为背后的思维发展，及时了解幼儿科学区经验的发展情况。

（三）支持和鹰架幼儿的探究过程

在观察、理解幼儿探究行为的基础上，如果发现幼儿获取的经验存在着差距，教师就需要全面地分析其中的原因并采取积极的措施和策略，支持和鹰架幼儿的学习与发展。例如，对于科学区核心价值中的实验记录能力，小班要求“能在成人的引导下，用实物或图片粘贴，以及用简单的绘画进行记录”；中班要求“能用图画或其他符号进行记录”；大班要求“能用数字、图画、图表或其他符号进行记录”。幼儿如果不能达到相应年龄段的经验水平，那教师就要了解幼儿的困难到底在哪里，然后为幼儿提供具体的可操作的“鹰架策略”来支持幼儿的探究。虽然经验价值可以大致判断不同年龄段幼儿的发展水平，但是它不是评价指标，教师应深入观察、了解幼儿，创造条件并提供实际的帮助，让幼儿向更高水平发展。

当然，科学区的经验价值不仅仅限于本章梳理的内容，只要符合幼儿的探究兴趣与生活体验的经济价值，都可以成为科学区的教学内容。教师要全面把握科学区经验价值，科学地引导幼儿，使科学区的活动内容更为丰富、更加有效、更有针对性，从而推动幼儿的成长和发展。

第二节 各年龄段幼儿科学区活动经验价值

一、小班科学区活动经验价值及案例分析

（一）小班科学区核心价值

小班科学区核心价值类别及相关内容如表 2-1 所示。

表 2-1 小班科学区核心价值表

类别	核心价值
探究兴趣	1. 喜欢接触周围的事物，对很多现象感兴趣 2. 经常问各种问题，或好奇地摆弄物品
探究能力	1. 能对自己感兴趣的事物仔细观察，感知和发现其明显特征 2. 能运用多种感官或动作去探索物体，观察现象的发生和事物的变化 3. 能通过观察和触摸并使用简单工具收集信息，关注探究产生的结果 4. 能对观察到的事物和现象，积极思考，尝试对观察结果提出问题 5. 愿意用描述性的语言讲述事物明显的外部特征 6. 能提取已有经验进行比较并表达和交流自己对事物与现象的认识、想法 7. 能根据自己已有的经验，对将要发生的事情进行预测 8. 能运用简单的口头语言、模仿动作来表达自己的发现和设想 9. 能在成人的引导下，尝试用实物或图片粘贴及涂鸦的方式进行记录 10. 对工具、材料感兴趣，并尝试使用 11. 喜欢反复操作简单的实验
探究经验	1. 能感知和发现物体和材料的软硬、光滑和粗糙等特性 2. 在操作中发现液体会流动 3. 感知液体的颜色，尝试将不同的液体进行混合 4. 感知无生命的物体自己不会动，需要被推、拉、扔或其他动作作用才会动 5. 初步感知和体会推或拉可以改变物体的位置和状况 6. 感知不同的物体放在水里会产生不同的结果 7. 感知自然界各种不同的声音 8. 体验不同的声音代表不同的意义 9. 感知不同的物体会发出不同的声音 10. 发现物体可以承重 11. 感知光有明暗（亮度） 12. 发现不同来源的光 13. 发现光能够产生影子 14. 感知磁铁能够吸铁 15. 感知有的物体热，有的物体冷

（二）小班科学区联动价值

小班科学区联动价值类别及相关内容如表 2-2 所示。

表 2-2　小班科学区联动价值表

类别	联动价值
健康	1. 能用手操作物体，动作基本灵活协调 2. 能将物品放回原处 3. 在提醒下能注意安全，不做危险的事 4. 发生危险时会求助
语言	1. 别人对自己说话时能注意听并做出回应 2. 愿意表达自己的需要和想法，必要时能配以手势动作 3. 能在成人的提醒下使用恰当的礼貌用语 4. 喜欢用涂涂画画来表达一定的意思
社会	1. 愿意和小朋友一起游戏，想加入时能友好地提出请求 2. 在成人指导下，不争抢、独霸玩具，与同伴发生冲突时能听从成人劝解 3. 遇到问题时能向成人求助 4. 能根据自己的兴趣选择游戏或其他活动 5. 能为自己的好行为感到高兴 6. 愿意做力所能及的事 7. 喜欢承担一些小任务 8. 在提醒下能做到不打扰别人 9. 在提醒下能遵守游戏规则 10. 知道不经允许不能拿别人的东西，借别人的东西要归还 11. 在成人提醒下爱护玩具和其他物品
科学（数学）	1. 能感知和发现周围物体的形状是多种多样的，对不同的形状感兴趣 2. 能感知和区分物体的大小、多少、高矮、长短等量方面的区别，并能用相应的词表示 3. 能通过一一对应的方法比较两组物体的多少 4. 能手口一致地点数 5 个以内的物体，并能说出总数、按数取物 5. 体验和发现生活中有很多地方用到数，能用数词描述事物或动作 6. 能注意物体较明显的形状特征，并能用自己的语言描述 7. 能根据事物的某个共同特征挑出物品或进行归类 8. 能感知物体基本的空间位置与方位，理解上下、前后、里外等方位词
艺术	1. 喜欢观看周围生活中美的事物 2. 容易被各种事物或活动引发的声音、呈现的美感所吸引 3. 会涂涂画画、粘粘贴贴并乐在其中 4. 会用声音、动作、姿态模拟各种事物 5. 会用简单的线条和色彩大体画出自己想画的事物

（三）小班科学区活动经验价值案例分析

1. 有趣的斜坡

◉ 案例描述

浩浩和忻忻在科学区玩斜坡游戏。浩浩选了一块圆柱体泡沫积木从斜坡上滚下来，他兴奋地大叫：“看！我的积木滚得好远。”忻忻也学着用一块圆柱形积木从斜坡上滚下来，积木一下就滚到了地上，忻忻兴奋地拍手并捡起。

两人轮流玩了好几次后，浩浩又用一块正方体的泡沫积木放上去，他发现滑不动，于是试图推动积木使之滑下去，在用手推动的过程中，斜坡突然倒了。这时候浩浩告诉老师：“滑滑梯倒了怎么办?”老师鼓励他自己想办法。于是浩浩重新用积木搭起斜坡，突然他将斜坡用手抬高，并对忻忻说：“这样也可以滑下来。”

于是两人合作，浩浩抬高斜坡，忻忻继续尝试将不同积木放在斜坡上滚动。当他们再次将圆柱体积木放到斜坡上的时候，发现积木滚下去更快了。两个孩子很兴奋，忻忻说：“我们把滑滑梯变高了，积木滚得更快了。”

幼儿在斜坡上滚积木

◉ 案例分析（表 2-3）

表 2-3　案例分析表

活动环节	核心价值	联动价值
两人轮流将圆柱体积木从斜坡上滚下来	• 好奇地摆弄物体，发现物体在斜坡上会滚动 • 观察现象的发生和事物的变化 • 喜欢反复操作简单的实验	• 能用手操作物体，动作基本灵活协调 • 愿意和小朋友一起游戏 • 为自己的活动感到高兴
尝试将正方体积木从斜坡上滑下来，因用力过猛导致斜坡倒了	• 对工具材料感兴趣，并尝试使用 • 初步感知和体会推或者拉可以改变物体的位置和状况 • 能运用多种感官或动作去探索物体，发现不同物体在斜坡上滑动速度不同 • 能对观察到的事物和现象积极思考，并尝试对观察结果提出问题	• 感知和发现周围物体的形状是多种多样的，对不同的形状感兴趣 • 遇到问题愿意主动表达自己的需要和想法

续表

活动环节	核心价值	联动价值
改变斜坡高度	• 能用多种感官或动作去探索物体，关注动作产生的结果 • 能根据自己的目的，选择和使用简单的工具改变斜坡高度 • 能运用简单的口头语言来表达自己的操作、发现	• 能根据自己的兴趣和需要选择和调整活动 • 能为自己的行为或活动感到高兴

（苏州市吴江区盛泽幼儿园　陈菲菲）

2. 颜色变变变

◉ 案例描述

涵涵在科学区玩“颜色变变变”的游戏，她拿起滴管取了红色水滴入试管中，然后又取了蓝色水滴入试管中，试管中水的颜色变得很深，涵涵将试管举到光线较亮的地方，涵涵透过光看着试管说：“是紫色的。”涵涵拿起滴管又往试管里加了一点黄色水，试管中水的颜色变得更深了，涵涵说：“变成黑色了。”她把试管放在了试管架上。

她又拿起一支新的试管，用滴管加入蓝色水和黄色水，试管中的水立刻变成了绿色，涵涵激动地说：“你们看，变绿色了。”老师追问：“什么颜色在一起变绿色了呀？”涵涵说“蓝色和黄色。”“你可以把这两种颜色用彩笔记下来吗？”老师说。涵涵在纸上先涂了一团蓝色，又涂了一团黄色。老师请她把最后变成的颜色也画下来。涵涵在纸上涂了绿色，老师建议她把记录着变色秘密的记录纸展示在“发现墙”上。涵涵把记录纸夹在上面，然后对旁边的嘉嘉说：“你看，蓝色加黄色变成了绿色。”老师鼓励她再试试其他颜色并把变色秘密记录在纸上。

幼儿在科学区玩“颜色变变变”游戏

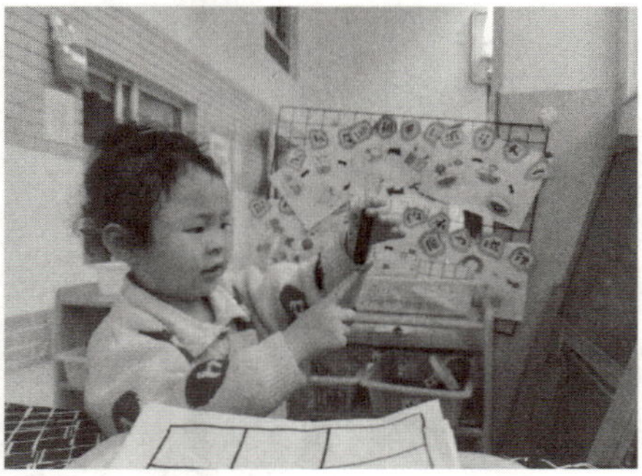

幼儿尝试记录变色秘密并向同伴分享

◉ 案例分析（表 2-4）

表 2-4 案例分析表

活动环节	核心价值	联动价值
涵涵在第一支试管中逐步加入红色水、蓝色水、黄色水，水的颜色也发生了相应的变化	• 感知液体的颜色，尝试将不同的液体进行混合 • 能运用多种感官或动作去探索物体，观察现象的发生和事物的变化 • 愿意用描述性的语言讲述事物明显的外部特征 • 感知光有明暗（亮度）	• 能根据自己的兴趣选择游戏或其他活动 • 能灵活地用手操作物体
涵涵在第二支试管中加入蓝色和黄色水，教师建议她把变色秘密记录下来并展示在“发现墙”上	• 感知液体的颜色，尝试将不同的液体进行混合 • 观察现象的发生和事物的变化 • 能运用简单的口头语言叙述自己的操作、发现 • 能在成人的引导下，尝试用实物或图片粘贴及涂鸦的方式进行记录	• 能使用简单的工具大胆进行操作 • 能注意倾听并对别人的说话做出回应 • 为自己的行为或活动感到高兴 • 能用简单的线条和色彩大体画出自己想画的事物

（苏州市吴江区盛泽幼儿园　陈舒悦）

3. 会变的影子

◉ 案例描述

自从科学区从室内搬到了走廊上，孩子们与光亲密接触的机会就更多了。一个阳光明媚的早上，孩子们玩起了影子游戏，小颖对萌萌说：“你看这个是我，因为它头上有两个小揪揪。”说着便用手摇了摇头发上的两个揪揪辫。接着萌萌也甩起了自己的辫子说：“这个是我，我有长长辫。”一旁的仔仔说：“光光头就是我，哈哈。”

孩子们高兴地转了起来，仔仔说：“你们转起来的影子，好像一只大恐龙啊！”小颖张开手臂对照地面上的影子摆弄着说：“一点也不像啊，我觉得像只蝴蝶，飞飞飞。”

宣宣听到了跑来说：“我会做大恐龙。”然后两手变成爪子状，张开大嘴巴，吼叫着。仔仔说：“大恐龙还有大尾巴呢。”宣宣说：“可是我已经没有手变尾巴了。”说着便鼓起嘴巴生气了。老师说：“你们可以帮帮他，一起变一只恐龙啊。”宣宣说：“我来做恐龙头和身体吧，谁来做我的尾巴。”仔仔说：“我来做尾巴。”两个人分别摆好姿势。萌萌指着宣宣说：“不对不对，你们的恐龙都分开了，要再靠拢一点。”

宣宣重新摆好姿势说：“你们看，现在像恐龙了。”说着就想跑去叫朋友，萌萌说：“不行，你走了就没有恐龙了。”宣宣：“那怎么办，这样不动，我都要累坏了。”萌萌说：“那画下来给大家看看吧。”宣宣询问老师说：“老师我们可以画在地上吗？”老师建议到班级资源库找一张大纸或找一块大布，孩子们找来了一块大白布铺在地上。宣宣和仔仔摆好姿势，萌萌和小颖准备在布上把恐龙的影子画下来，可是，当她们靠近“大恐龙”时，发现自己的影子也跟过来和“大恐龙”的影子连在一起了，几次尝试以后，她们求助老师给“大恐龙”拍张照，然后请朋友们看照片。

幼儿在玩“会变的影子”游戏

◉ 案例分析（表 2-5）

表 2-5　案例分析表

活动环节	核心价值	联动价值
小颖、萌萌、仔仔三人在阳光下通过自己的头发特征来找自己的影子	• 喜欢接触周围的事物，对很多现象感兴趣 • 对感兴趣的事物仔细观察，发现其明显特征 • 发现光能够产生影子	• 别人对自己说话时能注意听并做出回应 • 能注意物体较明显的形状特征，并能用自己的语言描述

续表

活动环节	核心价值	联动价值
宣宣利用影子变恐龙，受到大家的质疑，然后与仔仔合作变恐龙，最后在萌萌的指导下，把恐龙变得更像了	• 能提取已有经验进行比较并表达和交流自己对事物与现象的认识、想法 • 能用多种感官或动作去探索物体，关注动作产生的结果 • 发现动作变化后影子也会变化 • 喜欢反复操作简单的实验 • 能对观察到的事物和现象，积极思考，尝试对观察结果提出问题 • 能运用简单的口头语言、模仿动作表达自己的操作、发现 • 能学习运用多种感官去感知事物的明显特征及变化	• 别人对自己说话时能注意听并做出回应 • 为自己的行为或活动感到高兴 • 在成人指导下，不争抢、不独霸玩具，与同伴发生冲突时能听从成人劝解 • 能注意物体较明显的形状特征，并能用自己的语言描述 • 能感知物体基本的空间位置与方位，理解上下、前后、里外等方位词 • 容易被各种事物或活动引发的声音、呈现的美感所吸引 • 能用声音、动作、姿态模拟各种事物
宣宣和仔仔利用影子变恐龙，萌萌和小颖准备画恐龙，最后拍照与大家分享	• 根据自己的已有经验，对将要发生的事进行预测 • 能在成人的引导下，尝试用实物或图片粘贴及涂鸦的方式进行记录	• 别人对自己说话时能注意听并做出回应 • 愿意表达自己的想法和需要 • 遇到问题时能向成人求助

（苏州市吴江区盛泽幼儿园　苏艳）

二、中班科学区活动经验价值及案例分析

（一）中班科学区核心价值

中班科学区核心价值类别及相关内容如表 2-6 所示。

表 2-6　中班科学区核心价值表

类别	核心价值
探究兴趣	1. 喜欢接触新事物，经常问一些与新事物有关的问题 2. 常动手动脑，接触和了解一些物体，并乐在其中
探究能力	1. 能有顺序地对事物或现象进行观察比较，发现其异同之处 2. 能围绕简单的问题或任务，进行一段时间的观察或探究 3. 能在实验的过程中运用简单的工具收集一些细节性的信息，并发现物体的性质、用途及联系 4. 通过反复试错去探究材料与现象 5. 能根据观察结果提出问题，并大胆猜测答案，能对事物和现象进行比较和概括 6. 能够比较清晰、客观地描述并交流所发现的事实或事物特征 7. 能通过简单的调查收集信息 8. 能根据已有经验进行推断并得出结论 9. 能用图画或其他符号进行简单的记录

续表

类别	核心价值
探究能力	10. 能使用其他材料或工具支持自己的游戏 11. 能利用各种材料，学习制作简单的物品 12. 能专注地操作实验，并坚持一段时间
探究经验	1. 感知和发现常见材料的溶解、传热等性质 2. 感知和发现简单的物理现象，如物体形态或位置变化等 3. 根据物体的特性区分物体 4. 发现物体的性质会影响其运动（如圆的球会动） 5. 发现材料的性质会发生改变（如将红色和黄色颜料混合变成了橘黄色） 6. 了解物体的特性是可以测量的 7. 认识到液体总是向下流淌 8. 发现物体的形态或位置会发生变化 9. 尝试采用不同的方式让物体运动 10. 感知和体会物体的运动可以被阻止 11. 发现物体在不同光滑程度的平面上运动的速度会不同 12. 感知声音的不同特性，可以是高亢的或者轻柔的（音量），可以是尖锐的或者低沉的（音调） 13. 尝试改变声音的特征（如让鼓更响） 14. 探索各种能让物体产生声音的方法 15. 感知声音可以通过物体传播 16. 感知不同物体的承重力不同 17. 探索光和影子的关系 18. 尝试改变影子的特征（如让影子更长） 19. 感知静电现象 20. 体验热的物体会变冷，冷的物体会变热 21. 感知磁铁之间具有相互作用 22. 感知热可以通过多种方式产生（如燃烧、摩擦）

（二）中班科学区联动价值

中班科学区联动价值类别及相关内容如表 2-7 所示。

表 2-7　中班科学区联动价值表

类别	联动价值
健康	1. 能熟练地使用简单的工具 2. 能画出简单图形，手的动作较协调 3. 能初步按类别整理物品 4. 初步了解一些自我保护的方法 5. 发生危险时，会求助并知道一些简单的处理方式
语言	1. 在群体中能有意识地倾听与自己有关的信息 2. 能结合情境感受到不同语气、语调所表达的不同意思 3. 愿意与他人交谈，别人对自己讲话时能回应 4. 能基本完整、连贯地讲述自己的所见所闻和经历的事情 5. 喜欢谈论自己感兴趣的话题，讲述比较连贯 6. 能根据画面的信息，大致说出主要内容 7. 知道标识、符号表示一定的意义，愿意用图画符号表达自己的想法

续表

类别	联动价值
社会	1. 喜欢和小朋友一起游戏，有经常一起玩的小伙伴 2. 会运用介绍自己、交换玩具等简单技巧加入同伴游戏 3. 对大家都喜欢的东西能轮流、分享 4. 与同伴发生冲突时，能在他人帮助下和平解决 5. 活动时愿意接受同伴的意见和建议 6. 能按自己的想法进行游戏或其他活动 7. 知道自己的一些优点和长处，并对此感到满意 8. 能独立做力所能及的事 9. 敢于尝试有一定难度的活动和任务 10. 能注意到别人的情绪，并有关心体贴的表现 11. 感受规则的意义，并能基本遵守规则 12. 不私自拿别人正常使用的材料 13. 知道接受了任务就要努力完成 14. 在别人提醒下，能注意节约游戏材料等资源
科学（数学）	1. 在别人指点下，感知和体会有些事物可以用形状来描述 2. 在别人指导下，感知和体会有些事物可以用数来描述，对环境中各种数字的含义有进一步探究的兴趣 3. 能感知和区分物体的粗细、厚薄、轻重等量方面的特点，并能用相应的词语描述 4. 能通过数数感知物体的数量或比较两组物体的多少 5. 能通过实际操作理解数与数之间的关系 6. 会用数词描述事物的排列顺序和位置 7. 能感知物体的形体结构特征，画出或拼搭出该物体的造型 8. 能使用“相同”和“不同”这样的词语去匹配和比较物体的特征，并能进行分类 9. 能使用“上下”“前后”“里外”“中间”“旁边”等方位词描述物体的位置和运动方向
艺术	1. 在欣赏事物时，关注其色彩、形态等特征 2. 喜欢倾听各种好听的声音，感知声音的高低、长短、强弱等变化 3. 对美的事物有相应的联想和情绪反应 4. 能运用动作、绘画、手工制作等方式表现自己观察到或想象的事物

（三）中班科学区活动经验价值案例分析

1. 奇妙的磁铁

◉ 案例描述

活动时间到，垚垚和多多一起来到了科学区，垚垚从框中拿出磁铁，又拿了一些回形针，当磁铁靠近回形针时，一下子就吸住了所有的回形针，他对多多说道：“快看，它们全部被吸住了！”多多发出了“哇”的一声，接着问：“吸住了几个回形针？”垚垚指着回形针一个一个数起来，然后对多多说：“有7个。”接着多多拿出了钉子和钥匙，用磁铁将钉子和钥匙也吸了起来。垚垚又拿起磁铁在石头、树叶旁边移动，说道：“你看！这个石头、树叶是吸不住的。”多多问：“为什么有些吸得起来，有些不行啊？”垚垚说：“我记得之前好像在阅读区看过这方面的书。”于是他们一起去阅读区翻看科学绘本，多多笑着说：“难怪它叫磁铁，原来就是吸引铁的啊！”紧接着他们放下书本拿起磁铁，走到了美工区，用磁铁对着美工区的木盒子、塑料盒子、铁盒子左右移动。多多说：“看，铁盒被我吸住了。”他们回到座位，拿起一张空白的记录纸，进行画图记录。记录时，多多将磁铁压在记录纸上，当他完成记录后拿起磁铁，记录纸也被拎了起来，他对垚垚说：“记录纸被吸住了。”垚垚说：“不会吧。”边说边把记录纸翻了过来，他们看到了记录纸背面有几个回形针，互相看了看对方，笑了。

垚垚又拿起钥匙放在记录纸的背面，多多拿出磁铁慢慢靠近纸片，后面的钥匙也能被吸引。多多看着旁边的教师喊着：“老师，你看！磁铁隔着记录纸也能吸住钥匙。”教师惊奇地说：“原来磁铁还能隔着纸吸住东西呀，它隔着桌子能吸住东西吗？”垚垚和多多说道：“我们试试看吧！”说完，他们把磁铁放到桌板下面开始试起来了……

幼儿在探究哪些物品可以被磁铁吸住

幼儿在书中寻找磁铁的秘密

幼儿无意中发现磁铁可以隔物吸铁

◉ 案例分析（表 2-8）

表 2-8 案例分析表

活动环节	核心价值	联动价值
垚垚和多多用磁铁吸回形针、钉子、石头、树叶等	• 常动手动脑，接触和了解物体，并乐在其中 • 能有顺序地对事物或现象进行观察比较，发现其异同 • 初步感知磁铁之间具有相互作用	• 能熟练地使用简单的工具 • 愿意与他人交谈，对他人的讲话能回应 • 喜欢和小朋友一起游戏，有经常一起玩的小伙伴 • 能通过数数感知物体的数量
两人一起阅读科学绘本并去美工区吸各种盒子	• 能在实验的过程中运用简单的工具收集更多细节性的信息，并发现物体的性质、用途及联系 • 通过反复试错去探究材料与现象	• 能按自己的想法进行游戏或其他活动 • 能根据画面的信息，大致说出主要内容
在记录纸上记录时发现了磁铁的穿透性，然后用钥匙再次实验，在老师的引导下隔着桌子进行实验	• 能用图画或其他符号进行简单的记录 • 能围绕简单的问题和任务进行一段时间的观察或探究 • 通过反复试错去探究材料与现象 • 能够比较清晰、客观地描述并交流所发现的事实或事物特征	• 能画出简单图形，手的动作较协调 • 能基本完整、连贯地讲述自己的所见所闻和经历的事情 • 活动时愿意接受同伴的意见和建议

（苏州市吴江区盛泽幼儿园　徐苗苗）

2. 纸桥

◉ 案例描述

嘉嘉选择了一张 A4 纸作为桥的桥面，摆放好以后，旁边的诺诺问："你觉得能放几个雪花片？"嘉嘉想了想说："4 个？"诺诺说："我觉得 5 个。"随即在纸上记录下了 5 个圈。接着嘉嘉开始在桥面的中心叠放雪花片。当叠放到第 7 个的时候，纸桥突然倒塌了。

嘉嘉说："我刚才手有点抖，再来一次。"于是，嘉嘉重新叠加，叠加至第 9 个的时候，纸桥倒塌了。嘉嘉说："不行的，这个纸太软了。"随即他们去资源库找了一块硬纸板作为桥面，再次实验。

诺诺说："这个比纸桥硬多了，肯定能放很多很多。"

嘉嘉说："那我把雪花片多放一点。"最终，嘉嘉将容器中的雪花片全部叠放在了硬纸板的桥面上，桥一直没有倒塌。

幼儿做纸桥承受力实验

◉ 案例分析（表 2-9）

表 2-9　案例分析表

活动环节	核心价值	联动价值
嘉嘉用 A4 纸作为桥面，诺诺和他一起猜一猜、玩一玩桥面可以放几个雪花片	• 常常动手动脑，接触和了解物体，并乐在其中 • 能根据已有经验进行推断	• 愿意与他人交谈，对他人的讲话能回应 • 能通过数数感知物体的数量或比较两组物体的多少
嘉嘉觉得桥面倒塌是因为自己手抖，所以重新放雪花片，再次失败后他去找了硬纸板来做桥面	• 能围绕简单的问题和任务进行一段时间的观察或探究 • 能对事物和现象进行比较 • 能使用其他材料或工具支持自己的游戏	• 敢于尝试有一定难度的活动和任务 • 能基本完整、连贯地讲述自己的所见所闻和经历的事情
诺诺觉得硬纸板桥比纸桥硬，嘉嘉把所有的雪花片放上去了，桥没有倒	• 能根据已有经验进行推断，得出结论 • 感知不同物体的承重力不同	• 活动时愿意接受同伴的意见和建议

（苏州市吴江区盛泽幼儿园　李清）

3. 天平

◉ 案例描述

昊昊从柜子里取出天平的材料放在桌上，对一旁正在玩磁铁的远远说：“我们来玩天平吧！”

于是，昊昊将支柱和横梁装在底盘上，并将一个托盘挂在横梁的一端，远远将另一个托盘挂在横梁的另一端。组装完成后，天平呈现倾斜的状态。

昊昊看了看倾斜的天平，皱着眉头说：“上次我玩的时候它不是这样的，怎么这两个托盘不一样高了？”

远远说：“这个天平是不是坏掉了？”

昊昊：“那我来把它修好！”

昊昊尝试用手将天平的横梁摆平，当他把手拿开后，天平又回到了倾斜状态。随后，他将桌上的插塑玩具放置在横梁中间，横梁并未改变，他又将插塑玩具一个一个摆在底盘上。

“它们还是不一样高。”昊昊说。

远远：“我知道了！用磁铁把这个托盘吸起来，它们就一样高了。”

远远随即拿起磁铁将托盘吸起来，昊昊也用磁铁将另一个托盘向下吸。

“这样吸着太累了，都不能放东西了。”昊昊说。

希希走过来说：“是不是两个托盘不一样重呀？”

远远：“称一下不就知道了。”

于是，他们将两个托盘取下放在小青蛙天平上，天平朝一端倾斜。昊昊看了看远远手中的磁铁说：“你吸住它了，别碰它。”远远将磁铁远离天平，当天平平稳后呈现平衡状态。

昊昊：“它们俩是一样重的，到底怎么回事？”昊昊将两个托盘重新挂在横梁上，当手松开时，天平平衡了。

远远：“咦！托盘又一样高了。”

昊昊看着天平说：“是刚刚挂的地方不对，要往旁边挂一点，两边要一样长。”

幼儿尝试用磁铁使天平平衡

幼儿在找天平不平衡的原因

◉ 案例分析（表 2-10）

表 2-10　案例分析表

活动环节	核心价值	联动价值
幼儿尝试用多种方式使托盘平衡	• 喜欢接触新事物，经常问一些与新事物有关的问题 • 动手动脑，接触和了解天平，并乐在其中 • 能运用较完整的语言讲述并交流自己在操作天平中的发现 • 感知磁铁与托盘之间具有相互作用	• 能熟练地使用简单的工具 • 能基本完整、连贯地讲述自己的所见所闻和经历的事情 • 能按自己的想法操作材料（使托盘平衡）
幼儿将两个托盘进行比重	• 能根据观察结果提出问题，并大胆猜测答案“是不是托盘不一样重”，能对事物和现象进行比较和概括 • 能运用较完整的语言讲述并交流自己在操作天平中的发现 • 能专注进行操作，并坚持一段时间	• 活动时愿意接受同伴的意见和建议 • 能与同伴友好交往，学习互助、合作和分享 • 能感知和区分物体的粗细、厚薄、轻重等量方面的特点，并能用相应的词语描述
幼儿重新挂起托盘，发现悬挂位置与平衡的关系	• 能感知和发现挂绳位置的改变 • 能在操作的过程中发现力臂的改变与平衡的关系	• 能使用“里外”“旁边”等方位词描述物体的位置和运动方向

（苏州市吴江区盛泽幼儿园　宋矫成）

三、大班科学区活动经验价值及案例分析

（一）大班科学区核心价值

大班科学区核心价值类别及相关内容如表 2-11 所示。

表 2-11　大班科学区核心价值表

类别	核心价值
探究兴趣	1. 对自己感兴趣的问题总是刨根问底 2. 能经常动手动脑寻找问题的答案 3. 探索中有所发现时感到兴奋和满足
探究能力	1. 能运用多种方法对同一事物或现象进行长期的观察 2. 能通过观察、比较与分析，发现某个事物或现象前后的发展变化 3. 能学习运用标准化的工具来收集信息，在观察中逐渐发现事物和现象之间的内在联系 4. 能在成人的帮助下制订简单的调查计划并执行 5. 在操作材料时会提出问题，并通过实验去寻找答案 6. 能根据观察到的现象，结合已有的经验进行合理的推论，并用一定的方法验证自己的猜测

续表

类别	核心价值
探究能力	7. 能有序、连贯、清楚地表达和交流自己在科学活动中的做法、想法和发现 8. 能根据过去的经验或逻辑进行推断，对现象进行解释、预测和概括 9. 能用数字、图画、图表或其他符号记录 10. 探究中能与他人合作交流 11. 能倾听、理解和评价他人的观点 12. 能正确、适当地使用简单的工具和技术 13. 能为制作的物品设计简单的外观造型，选择需要的工具和材料按程序进行制作 14. 能手眼协调地专心操作，遇到困难坚持到底
探究经验	1. 发现常见物体的结构与功能之间的关系 2. 探索并发现常见的物理现象产生的条件或影响因素，如影子、沉浮等 3. 感知物体的结构与功能之间存在的关系 4. 发现材料的特性可以通过某种途径进行改变（如加热、冷冻、混合、折弯） 5. 发现材料有不同的存在状态：固态、液态和气态（如水的三态变化） 6. 使用简单的工具对物体的性质（如大小、重量、温度等）进行测量和比较 7. 感知物体有多种运动方式（如直线运动、圆周运动） 8. 发现物体的运动方式是可以被改变的 9. 发现影响物体运动的因素有多种 10. 感知物体的运动状态会随着外界条件的改变而发生变化（例如，改变斜坡高度，让球滚得更远） 11. 进一步探索各种力的现象（如浮力、摩擦力、弹力等） 12. 发现声音的特征（如音量、音调）与声音的来源有关 13. 感知噪音的产生及危害 14. 探索物体形态与承重力之间的关系 15. 感知光的亮度取决于光源强度和距离 16. 发现影子的大小和形状与物体和光源的位置有关 17. 体验光对生活的重要性 18. 感知简单的电路 19. 感知电器在日常生活中的用途 20. 尝试使用常见的电子产品 21. 感知磁铁可以相互吸引或者相互排斥，也可以吸引或排斥某些其他材料 22. 体验磁铁在生活中的广泛应用 23. 知道热可以在物体之间相互传递

（二）大班科学区联动价值

大班科学区联动价值类别及相关内容如表 2-12 所示。

表 2-12　大班科学区联动价值表

类别	联动价值
健康	1. 能熟练地使用工具 2. 能按类别整理好物品 2. 活动时能注意安全，注意自我保护，不给他人造成危险 3. 掌握一些基本的、易于处理的安全小知识

续表

类别	联动价值
语言	1. 能注意倾听，有听不懂或有疑问时能主动提问 2. 能结合情境理解一些较复杂的指令语言等 3. 愿意与他人讨论问题，敢在众人面前说话 4. 讲述时能使用常见的形容词、同义词等，并有序、连贯、清楚地讲述一件事情 5. 别人讲话时能积极主动地回应 6. 懂得按次序轮流讲话，不随意打断别人 7. 对文字符号感兴趣，知道它们表示的意义 8. 愿意用图画、符号表示事物
社会	1. 有问题愿意向别人请教 2. 有高兴的事或有趣的事愿意与大家分享 3. 能想办法吸引同伴和自己一起游戏 4. 活动时能与同伴分工合作，遇到困难能一起克服 5. 与同伴发生冲突时能协商解决 6. 知道别人的想法和自己不一样时，能倾听和接受别人的意见，不能接受时会说明理由 7. 能主动发起活动或在活动中出主意、想办法 8. 完成任务后还期望自己做得更好 9. 愿意学做自己不会或有挑战的事 10. 主动承担任务，遇到困难能够坚持而不轻易求助 11. 与别人的看法不同时，敢于坚持自己的意见并说明理由 12. 能有礼貌地与人交往 13. 当同伴有需要时，能给予力所能及的帮助 14. 知道爱护别人的东西或成果 15. 理解规则的意义，能与同伴协商制定游戏和活动规则 16. 做了错事敢于承认，不说谎 17. 能认真负责地完成自己所接受的任务 18. 爱惜环境与物品，注意节约资源
科学（数学）	1. 能发现事物简单的排列规律，并尝试创造新的排列规律 2. 能发现生活中许多问题都可以用数学的方法来解决，体验解决问题的乐趣 3. 初步理解量的相对性 4. 借助实际情境和操作（如合并或拿取），理解“加”和“减”的实际意义 5. 能通过实物操作或其他方法进行 10 以内的加减运算 6. 能用简单的记录表、统计图等表示简单的数量关系 7. 能用常见的几何图形有创意地拼搭和画出物体的造型 8. 能根据一个以上的特征对一组物品进行分类 9. 能按语言指示或根据简单示意图正确取放物品 10. 能辨别自己的左右
艺术	1. 乐于收集美的物品或向别人介绍所发现的美的事物 2. 乐于模仿环境中有特点的声音，并产生相应的联想 3. 对于美的事物能用表情、动作、语言等方式表达自己的理解 4. 愿意和别人分享、交流自己喜爱的作品和美感体验 5. 能用多种工具、材料或不同的表现手法表达自己的感受和想象 6. 能用律动或简单的舞蹈动作表现自己的情绪 7. 能用自己制作的物品布置环境、美化生活

（三）大班科学区活动经验价值案例分析

1. 瓶子吹气球

◉ 案例描述

科学区里，QQ和哆哆正在玩“瓶子吹气球”游戏。哆哆拿起白醋，在量杯里倒了60毫升的白醋，QQ则将白醋倒入塑料瓶中，哆哆又拿起小苏打，在塑料瓶中放入三勺小苏打，QQ说：“快看，很多小气泡冒出来了。”哆哆说：“我们赶紧把气球套上吧！”由于气球口子比较紧，两人就合作着把气球套了上去。QQ说：“咦，气球怎么不变大呀？”哆哆说：“对啊，只有一点点大。”于是，他们跑去问老师：“老师，为什么气球没有变大呀？”老师请他们看下实验步骤图，让他们想想不成功的原因，并鼓励他们再次尝试实验。

哆哆和QQ认真看着步骤图，他们发现气泡会使气球变大，可是他们套气球的时候气泡已经跑走了，他们决定下次套气球的动作更快些。于是，他们重新开始了实验，多多负责把白醋和小苏打倒入瓶子，QQ负责套气球，可多多刚把两种物体倒入，立马产生了气泡，QQ虽然以最快的速度去套住瓶口，可是气球还是只有一点点大。

哆哆说：“气泡跑得太快了，我们该怎么办呢？”突然，QQ拿来了科学区里的沙漏，说：“有了，我们可以把小苏打放在气球里，让它慢慢漏下去，就像这个沙漏一样。”哆哆：“对，这样气泡就跑不走啦！”实验再次开始，只见他们将同样多的白醋倒入塑料瓶中，再往气球里装入了三勺小苏打，接下来，他们一起套气球的时候，还时不时地捏住里面的小苏打，防止它掉入瓶中。气球套好了，只见哆哆将气球竖起，气球里的小苏打就像沙漏里的沙子一样慢慢落下，瓶子里瞬间冒起了很多气泡，随后，气球慢慢变大，两人开心地叫起来：“我们成功啦！”他们的声音瞬间吸引了很多孩子前来观看。活动结束时，他们把小苏打和白醋盖好盖子按照标识放回了材料柜上，把气球放到了娃娃家。

幼儿用量杯量出白醋

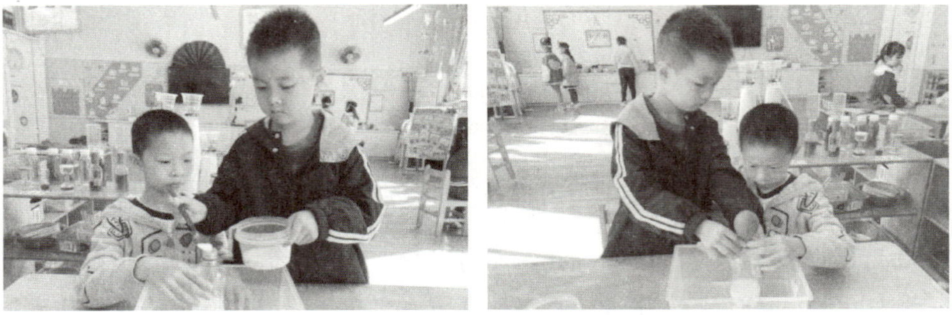

幼儿在白醋中加入小苏打

幼儿在思考如何让白醋和小苏打混合产生气泡

◉ 案例分析（表 2-13）

表 2-13　案例分析表

活动环节	核心价值	联动价值
QQ 和哆哆在玩“瓶子吹气球”游戏，可是气球吹不大，所以他们去求助老师	• 能经常寻找问题的答案 • 发现材料的特性可以通过某种途径进行改变 • 在操作材料时会提出问题，并通过实验去寻找答案 • 在探究中能与他人合作交流	• 借助实际情境和操作，理解数量概念（如 60 毫升、3 勺） • 愿意与他人讨论问题 • 别人讲话时能积极主动地回应 • 有问题愿意向别人请教

续表

活动环节	核心价值	联动价值
老师请他们自己看步骤图来寻找原因，找到原因后，他们又试了一次，可还是失败了	• 能通过观察、比较与分析，发现某个事物或现象前后的变化 • 能学习运用标准化的工具来收集信息，在观察中逐渐发现事物和现象之间的内在联系 • 能选择需要的工具和材料，按程序进行制作 • 能手眼协调地专心操作，遇到困难坚持到底	• 能认真负责地完成自己接受的任务 • 愿意学做有挑战的事 • 活动时能与同伴分工合作，遇到困难能一起克服
他们找到了“沙漏原理”的方式，最后实验成功了，还吸引了小伙伴来观看。最后收拾材料、把气球放回娃娃家	• 能根据观察到的现象，结合已有的经验进行合理的推论，并用一定的方法验证自己的猜测 • 探索中有所发现时感到兴奋和满足	• 能在活动中出主意、想办法 • 能按类别整理好物品 • 有高兴的事或有趣的实验结果愿意与大家分享 • 能用自己制作的物品布置环境、美化生活

（苏州市吴江区盛泽幼儿园　李婷）

2. 好玩的气球

◉ 案例描述

琦琦和月月来到科学区，琦琦在材料框里选了一个粉色的气球并说道：“哇！我喜欢粉色的气球。”于是她拿了一个粉色的气球，找来打气筒。她把气球套住打气筒，捏住气球的进气口，用力连续打了 31 下，气球就变大了。她开心地说：“我成功啦！”然后在记录表上画上了操作过程。旁边的月月拿起了一个紫色的气球，一下一下慢慢地打，刚变大的气球又变小了。她问：“我的为什么总打不大？”琦琦说：“你要捏住这个口，然后要快速地打气。”她示范了一下。月月照做了，果然也成功了。她也拿起记录表记录刚才自己打了 30 下，气球变大了。

表演区的希希看到了说：“哇，好漂亮的气球，可以送我们装饰舞台吗？”琦琦说：“可以，但是我的气球不能放手，不然就会漏气的。”怎么才能把打好的气球送到表演区呢？“气球需要打一个结，防止漏气。”琦琦说。月月说：“可是我不会打结。”“我先去试试。”琦琦多次尝试着给气球打结，可是都失败了。琦琦说：“这个打结也太难了！”月月说：“那我们去找找其他材料来帮助我们打结吧！”琦琦说：“我知道，美工区的扭扭棒多绕几下也可以，我以前试过。”说完两个小朋友拿着打好的气球，在美工区找到了扭扭棒，开始绕起来。琦琦说：“月月你要绕紧一些，不让气跑掉。”她们成功了，开心地把气球抛了起来。接下来，琦琦和月月打气球更来劲了，不一会儿，表演区舞台上已经摆满了气球，琦琦和月月也拿着气球开心地在舞台上舞动起来。

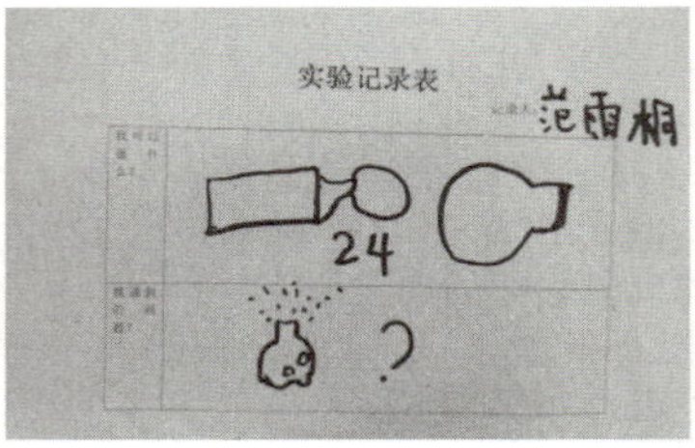

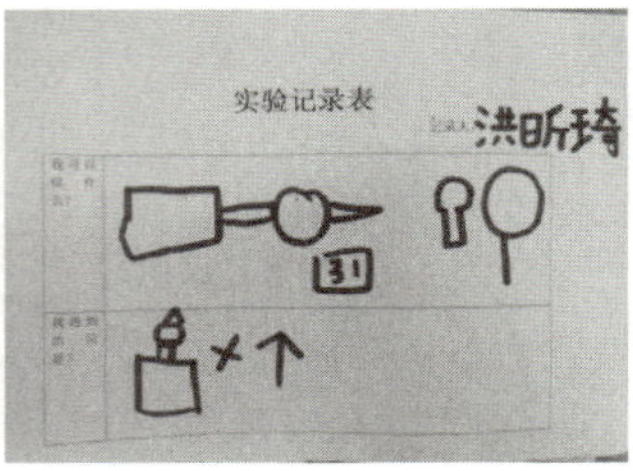

幼儿在探究打气球的方法

幼儿用扭扭棒缠绕的方法来防止气球漏气

◉ 案例分析（表 2-14）

表 2-14　案例分析表

活动环节	核心价值	联动价值
琦琦和月月选择自己喜欢的气球并用打气筒给气球打气，然后记录成功与不成功的原因	• 能通过观察、比较与分析，发现某个事物或现象前后的发展变化 • 能经常动手动脑去寻找问题的答案 • 发现材料的特性可以通过某种途径进行改变 • 在操作材料时会提出问题，并通过实验去寻找答案 • 进一步探索各种力的现象 • 能用数字、图画、图表或其他符号记录探究结果	• 能熟练地使用工具 • 有问题愿意向别人请教 • 当同伴有需要，能给予力所能及的帮助 • 能用简单的记录表、统计图等表示简单的数量关系

续表

活动环节	核心价值	联动价值
琦琦和月月探索如何让打好气的气球不漏气，她们想了许多办法，最后成功了。然后将打好的气球送给表演区的小朋友	• 能根据过去的经验或逻辑进行推断，对现象进行解释预测和概括 • 能正确、适当地使用简单的工具和技术 • 能手眼协调地专心操作，遇到困难坚持到底 • 探究中能与他人合作交流 • 能用准确、有效的语言表达和交流自己在科学活动中的做法、想法和发现 • 探索中有所发现时感到兴奋和满足	• 能想办法吸引同伴和自己一起游戏 • 活动时能与同伴分工合作，遇到困难能一起克服 • 能主动发起活动或在活动中出主意、想办法 • 活动中能与他人相互配合，也能独立表现 • 有高兴的事或有趣的实验结果愿意与大家分享 • 能用律动或简单的舞蹈动作表达自己的情绪

（苏州市吴江区盛泽幼儿园　钱凤梅）

3. 红、黄调色

◉ 案例描述

格格对小米说：“前几天，我玩颜色的时候发现有的颜色多加一点，有的颜色少加一点，最后的颜色就会变得不一样，今天我们再去玩吧！”“好呀！”小米回应道。

两人来到了科学区，格格挑了红色和黄色，拿出了滴管和白色的纸盘。格格用滴管吸了一管黄色的颜料，放在了纸盘上，又吸了一管红色的颜料，同样也放在了纸盘上，小米拿了根木棒帮忙搅拌。“变成橙色了！”格格又吸了一管黄色颜料，加了进去，“这个颜色好像跟刚刚的不一样了！”小米一边搅拌一边说。

老师问：“这个颜色你们是怎样变出来的呀？”“你们能把变色秘密分享给别的小朋友吗？”小米说：“我们可以做记录。”“可是，黄色蜡笔和这个黄色颜料不一样。”格格提出了疑问。老师建议：“可以想办法把你们实验用的颜色涂在记录表上。”听了老师的建议后她们直接用滴管把颜料滴在记录表上进行记录。

分享环节，格格和小米向大家介绍了混色记录表，并向大家展示了他们用一管红色颜料和四管黄色颜料调出来的颜色“肤色”。她们还把混好的颜料拿到美工区画画。

幼儿在探究用红色和黄色调出不同的颜色并记录配比

◉ 案例分析（表 2-15）

表 2-15　案例分析表

活动环节	核心价值	联动价值
格格在科学区做混色实验，小米也加入了	• 能经常动手动脑去寻找问题的答案 • 发现材料的特性可以通过某种途径进行改变	• 能想办法吸引同伴和自己一起游戏 • 能有序、连贯、清楚地讲述一件事情
格格和小米用黄色和红色颜料做实验	• 能通过观察、比较与分析，发现某个事物或现象前后的变化 • 探究中能与他人合作交流 • 能正确、适当地使用简单的工具和技术	• 能熟练地使用工具 • 能注意倾听，有不懂或疑问时主动提问
老师建议把实验结果分享给同伴，于是两人用记录表记录了实验结果并在分享环节进行了介绍	• 能用数字、图画、图表或其他符号记录 • 探索中有所发现时感到兴奋和满足 • 能有序、连贯、清楚地表达和交流自己在科学活动中的做法、想法和发现	• 能用简单的记录表、统计图等表示简单的数量关系 • 有高兴的事或有趣的实验结果愿意与大家分享 • 爱惜环境与物品，注意节约资源

（苏州市吴江区盛泽幼儿园　张静）

第三节　基于经验价值组织科学区活动的策略

本章第二节针对幼儿园科学区活动的经验价值，结合案例进行了具体的分析，由此我们知道，这些核心价值和联动价值的获得离不开科学区活动，幼儿通过“直接感知、实际操作、亲身体验”获取经验价值，教师则根据经验价值来设置科学区活动，正是将经验价值转化为区域活动的全过程，它有助于提升幼儿科学区活动的适宜性和有效性，实现幼儿个性化的全面发展。我们在针对幼儿获得的经验价值，组织科学区活动时，需要注意以下策略。

一、重视核心价值，兼顾联动价值

科学区经验价值包括核心价值和联动价值，我们在设计科学区活动时要求教师首先关注核心价值。核心价值具有明确的内容、合理的组织结构，能为幼儿参与科学活动、学习科学知识、解决实际问题提供正确的指导。它不仅可以使幼儿对科学有更加全面的了解，同时可以使幼儿更加热爱科学，获得多元化的科学知识。但在把焦点放在核心价值的同时，也不要忘记幼儿的发展是整体的，核心价值和联动价值相互影响、融会贯通。因此，教师对核心价值和联动价值都要有全面的了解，设置活动时要重视核心、兼顾联动。

二、联系生活实际

幼儿的科学探究应从身边的事物开始，科学经验的获取建立在关注周围生活的基础上。科学区的活动内容只有贴近幼儿的实际生活，幼儿才能产生强烈的好奇心，才容易在已有经验的基础上增长更多新的经验。如果科学区的活动脱离了幼儿的实际生活，是幼儿不熟悉且不能理解的，幼儿就会失去探究的动力。

在围绕科学区经验价值设计科学区活动时，教师要依托幼儿的生活经验来选择活动内容。例如，了解膨胀现象，教师可以利用贴近幼儿生活的、幼儿较为熟悉的物品，如黄豆、绿豆、蚕豆、干木耳、香菇等进行探究，使幼儿了解物体遇水产生膨胀的现象；又如，了解溶解现象，教师可加入生活中常见的糖、盐、奶粉、咖啡、果珍等，幼儿对这些材料本就有一定的认识，在原有经验的基础上进一步探索溶解现象。如果某些经验价值适合幼儿学习，但是幼儿没有相关的生活经验，教师也不必强求，可以选择合适的机会，让幼儿先接触这些物品或场景，待幼儿获得初步经验后，再引导其深入探究。

三、重视探究能力

幼儿是天生的科学家，他们用观察、分析、实验、比较、概括、推理、抽象等方法去探究“是什么”“怎么样”“为什么”。探究既是学习的方法也是学习的内容。幼儿提出问题、参与科学探究的过程，可以发展幼儿的创新思维能力；幼儿用所有的感官去体验周围世界，会使其感官更加敏捷，从而提高感知力；幼儿分享交流实验结果，能提高其语言表达能力；幼儿对观察现象进行计数、测量，也提高了幼儿数学方面的知识和能力；幼儿在表征自己的实验过程及结果，如幼儿在画物体遇水溶解的过程，可以成为创造性艺术活动。鉴于此，教师在组织科学区活动时要重视幼儿探究能力的培养。

四、采用多种方式

幼儿获取科学经验的方式是多种多样的，在科学区也可以采取不同的活动形式以获得不同的经验，为幼儿的科学探究提供正确的引导，使幼儿有更多的机会参与其中，体验探索的乐趣。同一科学经验可以通过多种活动形式实现，绝对不是局限于某种特定材料与玩法。比如，了解粗糙与光滑对摩擦力的影响活动，教师可以投入粗糙与光滑的斜坡，比较小车在哪个斜坡上行驶速度比较快；也可以让陀螺在光滑的模板和铺有绒布的模板上旋转，比较哪个陀螺会先停下来；还可以提供夹弹珠和夹红枣比赛，比较夹起哪个更容易。可见，幼儿获取科学区经验价值的方法是多种多样的，教师应采用多种方法，为幼儿提供探究的平台。

科学区的核心价值和联动价值体现了幼儿科学区的经验价值取向，这些经验告诉我们，要多维度地考虑不同年龄段幼儿的需求来合理地设计、组织和实施科学区活动，为幼儿经验价值的获取选择最适宜的方式。

第三章 系统规划 润物无声

——科学区空间规划与环境创设

本章简介

本章主要阐述科学区空间规划与环境创设的概念、意义、类型和原则，以及科学区如何从幼儿的探究性、引导性、参与性等方面入手进行空间规划与环境创设。重点围绕各年龄段幼儿科学区空间规划与环境创设的策略，分别从区域的空间规划要满足幼儿的需求、环境创设要符合幼儿的特点入手，来对创意布局、多维度利用、灵活设置、多角度延伸等多个方面进行阐述。

思维导图

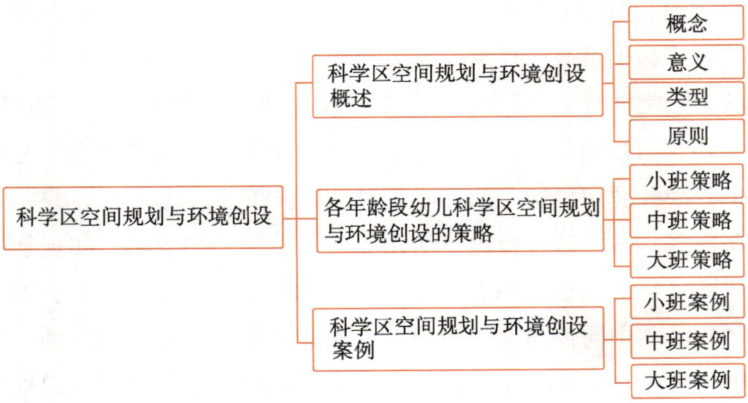

第一节 科学区空间规划与环境创设概述

一、科学区空间规划与环境创设的概念

科学区空间规划与环境创设，是指通过区域设置、空间布局、氛围渲染、材料摆放等方式创设科学区，以适应科学区的特点，创设中要抓住科学区的核心概念，为教师合理地选取科学区活动内容和材料提供依据，以保证教师在开展科学活动时能抓住关键点，避免活动的跑偏，同时也让不同年龄段幼儿可以在亲身经历和直接感知中获得相应的科学经验。

二、科学区空间规划与环境创设的意义

随着科学技术的不断创新和发展，当今社会科技是第一生产力。我们的科学教育也已经成为当今社会人才培养的重要部分。在教育部《幼儿园教育指导纲要（试行）》（简称《纲要》）中就有明确规定“幼儿园应为幼儿提供健康、丰富的生活和活动环境，满足他们多方面发展的需要，使他们在快乐的童年生活中获得有益于身心发展的经验”。然而，我们知道环境是重要的教育资源，应通过环境的创设和利用，有效地促进幼儿的发展。学龄前幼儿的大脑正逐渐地完善，良好的环境能够刺激和启发幼儿智力的发展。教师对幼儿所处环境进行科学合理的设计和布置，能够促使幼儿运用多种感官去体验、观察、操作、思索、发现和创造。在潜在的学习环境中学到粗浅的知识，可以发展幼儿思维，提高幼儿的观察力、理解力、想象力和创造力等，从而促进其智力的发展。我们知道学前儿童充满着对世界的好奇，他们是天生的科学家。对学前教育工作者来说，应努力创设有利于幼儿科学探究的空间与环境，让每个孩子富有个性地发展，为幼儿的终身发展打好基础。

首先，科学区空间规划与环境创设能够吸引幼儿走进科学区，通过观察事物、操作材料等活动，引发幼儿关注科学现象，激发幼儿探究科学知识，有效培养幼儿对科学学习的兴趣和意识。幼儿的学习意识一旦被激发，就会沉浸其中，自主学习、快乐学习、沉浸式学习，这直接提升幼儿参与科学活动的效率，实现幼儿的高效学习。其次，科学区空间规划与环境创设能够激发幼儿在科学知识学习中的情感体验，使幼儿感受到在活动中同伴间合作的愉悦、探究的乐趣、成功的自豪，驱使幼儿拥有主动学习的动力，真正让幼儿主动学、快乐学。最后，科学区空间规划与环境创

设是素质教育的要求，能够为幼儿构建出人性化、科学化、高效化的认知课堂，最大限度地开发科学区的教育价值，为幼儿营造积极有效的成长氛围，促进新课改形势下教育理论的研究活动的开展。

幼儿是在摆弄物品中积累自己的学习经验，在与同伴的合作交流中提高认知，也在反复的试错中获得经验。作为教师，了解幼儿的学习方式才能从幼儿的发展角度去审视合理的区域创设，并支持幼儿参与区域的空间布局、材料投放、规则制定等，目的就是为了支持幼儿的自主发展。当然教师是幼儿一切活动的支持者、合作者、引导者，适宜的指导也是幼儿发展的关键。

三、科学区空间规划与环境创设的类型

幼儿的经验是在亲身参与活动的过程中形成的，也是在直接感知、实际操作、亲身体验的活动过程中获得的，并在后续的学习和生活活动中得到丰富、修正和深化。从这个角度来看，科学区不只是陈列材料和展示信息的地方，更应是一个可以让幼儿与之产生持续多元互动的地方。

科学区空间和环境布局上可以细分出材料区、工具区、实验区、制作区、游戏区、分享区等功能区，这有利于幼儿的自主学习。

如材料区可陈列一些便于幼儿取放的材料，我们可以分层次投放材料，再有针对性地对同一种性质材料进行层次投放；工具区可提供一些常用工具；实验区宜设在光线充足、靠近水源的地方；制作区要便于幼儿利用各种材料开展制作活动；游戏区可供幼儿把玩各种隐含科学原理的材料；分享区是幼儿分享实验结果、交流经验心得的地方。这样的分类有利于体现科学区资源的条理性、系统性，也便于幼儿的自主管理。

四、科学区空间规划与环境创设的原则

（一）易探究原则

科学区的空间规划与环境创设应满足幼儿探究的需求。在科学区中，幼儿可以进行多种形式的探究，教师可以设置一些有一定难度的材料，让幼儿通过动手操作来完成，这样既能调动幼儿探究的积极性又能促进幼儿的发展。比如，放置必要的操作材料：教师在科学区中摆放必要的操作材料是非常有必要的，不仅能够使幼儿更好地进行探究活动，还能保证科学区中各种材料能够被正常使用。为了让科学区更具有探究性，可以根据不同年龄段幼儿及幼儿间的个体差异在该区域中放置一些符合幼儿年龄特点和发展水平的操作材料，投放材料时应以游戏活动为主，让幼儿自由选择、探索、发现。

科学区的空间规划与环境创设要以幼儿的生活和学习经验为基础，遵循科学性、教育性、趣味性的原则。科学区的创设应贴近幼儿生活，并且能激发幼儿对科学活动的兴趣。科学区的创设要考虑到与幼儿园的主题活动相结合，幼儿园科学教育活动的内容是丰富多彩的，它涉及社会、生活等各个方面，我们应该将科学活动与幼儿园的主题活动相结合，让幼儿在游戏中学习科学知识、掌握科学技能、体验探究的乐趣。科学区不仅是让幼儿进行探索活动的区域，更是让幼儿感受科学氛围和学习科学知识的地方。比如，我们可以在科学区中设置一块与幼儿探究主题相结合的区域，如小动物主题环境、科技主题环境等。

（二）引导性原则

科学区活动材料的投放应引导幼儿的积极思维，要具有引导性。只有能够引发幼儿动手、动脑的材料，才能引导幼儿的游戏和各种探索活动，才有利于促进幼儿与活动环境的积极互动。如可以在科学区设置幼儿探究游戏的诱导台、痕迹板、观察记录表、操作材料流程图等。

在“我们身边的科学”活动中，教师提供了许多用小纸团制作而成的种子、水果、蔬菜、花等材料及一系列观察记录表，引导幼儿通过观察记录，发现不同植物的生长特点和规律；教师还提供了许多植物种子和一些常用的生活用品，引导幼儿通过观察记录，发现种子发芽、生长、开花和结果等生长规律。教师为幼儿提供了各种不同大小、颜色和形状的积木块，供幼儿探索和发现这些积木块能呈现出各种不同的拼搭形状；教师还可以提供许多不同颜色和形状的积木块在水中浸泡后呈现出的形状和颜色的变化情况，供幼儿观察记录。

（三）参与性原则

科学区活动可以帮助幼儿学习科学知识、进行科学探索，提高他们对周围世界的认识能力。科学区活动不仅能激发幼儿学习科学的兴趣和好奇心，而且能为幼儿提供与自然、与同伴、与成人交流和互动的机会，培养他们初步的探究能力和合作精神。在科学活动中，幼儿处于中心地位，他们通过观察、操作、测量、比较等行为，发现周围世界的奥秘，产生探索科学的愿望。他们通过亲身实践来探索周围世界的奥秘，从而获得相关的科学知识。在这个过程中，幼儿积极主动地参与活动，全身心地投入其中，不受外界干扰。

第二节 各年龄段幼儿科学区空间规划与环境创设的策略

一、小班科学区策略

小班科学区的空间规划应该更贴近幼儿生活，更具有游戏性，它可以单独设置，也可以和生活区、沙水区、益智区等其他区域结合起来设置。

（一）空间规划要满足幼儿的需求

对于刚入园的小班幼儿来说，他们处于培养自理能力、发展感官的重要时期，科学区的空间分配相对占比应小一些，要留更多的空间给生活区，以供幼儿成长和体验。但随着年龄的增长、探索的深入，幼儿的兴趣提高了，科学区的空间分配占比也会随之变化。总体要遵循两个原则：一方面，科学区的活动空间要满足幼儿的需求，最好能够与主题活动的内容结合在一起；另一方面，活动空间要给予幼儿适当的选择权，让幼儿可以自主选择、自由探索。

（二）环境创设要符合幼儿的特点

不同区域要充分考虑班级的地形、采光、水源等资源，同时还要关注自然适宜、动静分离、灵活互通等因素，因地制宜地设置各个区的位置。小班需要提供一个安静的、相对集中的环境，最好是有自然光线的房间，因为小班处于体验感受的阶段，对于水源的需求是必要的，可根据班级条件来进行选择和设置。

（三）创意布局，多维度创设环境

小班幼儿由于身高、认知、能力等方面的限制，教师应把利用率较高的材料放在与他们身高相匹配的柜面，在上面摆放一些色彩鲜艳、趣味性强的材料以吸引幼儿注意力，或是摆放游戏说明牌，让他们在进区时能有目的地进行尝试。

科学区的墙面环境是整个科学区布局的重要构成，合理的墙面环境布置能起到教育幼儿的作用。在科学区环境创设的过程中，应遵循幼儿发展的身心特点，针对墙面环境变化，创设互动情景式的环境，以吸引幼儿的注意力、调动幼儿的积极性。例如，触摸类、视听类的体验感知材料可以将其布置在墙面，因为触摸类的物品很多，也很丰富，放入材料框可能导致幼儿无法清晰地知道自己要做什么，将各类物品上墙，可以让幼儿在探索时更清晰地了解物品材料，同时带来的感受也更明显、更有对比性。通过主题的变化或者幼儿的掌握程度来更新内容，利用墙面操作也为科学区提供了更大的活动空间。

二、中班科学区策略

中班科学区的创设应该突出活动的可操作性、趣味性和游戏性，要提供充足的空间和丰富的活动材料让幼儿进行科学探索，满足幼儿的好奇心和求知欲，让幼儿亲身经历“科学家研究”的过程。

（一）空间规划要满足幼儿的需求

进入中班后，幼儿常常对周围的事物、现象感兴趣，科学区的活动空间要满足幼儿的需求，空间要根据班级人数进行调整和扩大，增加幼儿的游戏人数。总体要遵循两个原则：一方面，科学区的活动空间要满足幼儿的需求，最好能够与主题活动的内容结合在一起；另一方面，活动空间要给予幼儿适当的选择权，让幼儿可以自主选择、自由探索。

（二）环境创设要符合活动目标

科学区活动让幼儿在操作、探索中获得新经验，因此我们应尽可能提供一个不受干扰的场地。科学区的环境创设要考虑到科学区的活动目标，如要考虑科学区与自然角的联系，可以将二者相邻设置。有的班级考虑科学区活动中对植物资源的探索，因此科学区相对靠近自然角，在进行科学探索活动时，孩子们可以直接走进自然角，观察植物的生长情况，记录植物的发芽情况等。科学区与自然角的整合，满足了孩子们探索大自然的兴趣。还有的班级重点围绕“光影”展开探索，对于光线有一定要求，因此科学区相对邻近午睡区域。

（三）创意布局，多维度利用空间

中班幼儿侧重于利用丰富的材料，展开无限的思考。在柜子以上至半空的区域，可以更多地留给他们作为游戏过程的记录和展示空间，在不影响幼儿在桌面进行游戏、活动的同时，也让幼儿的游戏踪迹得以保留。教师可尝试利用矮柜、屏风、铁架子等地面隔断，对班级区域进行位置上的划分；利用薄纱、树枝、藤蔓等空间隔断，在空间上分隔区域、装饰环境，展示幼儿的作品和活动痕迹。这样的分隔法，既可以对区域进行局部的划分，又可以起到装饰环境的作用，具有灵活、方便、易变化、可随时调整和移动等特点。经过分割后，幼儿可以在班级内畅通无阻、安全行走，以免发生碰撞，也减少了视觉盲区，便于教师随时关注到每个孩子。

另外，如班级科学区的墙壁，可以悬挂或粘贴部分操作材料，也可以张贴实验操作步骤和方法的示意图，还可以张贴幼儿的实验记录图表。如有些弯管实验、传声筒实验材料可以直接固定在墙面上。

三、大班科学区策略

大班科学区的创设是为了满足孩子们探究科学知识的好奇心与兴趣。

（一）空间规划要满足幼儿的需求

在设定科学区的活动范围及活动空间的过程中，要考量实际需求能够覆盖的活动空间大小。例如，开展“认识我自己”科学区活动时，科学区的活动空间需要按照人体模型的大小进行布置，同时给予每个身体部位（牙齿、五官、肢体、内脏等）的模型独立的活动空间，让幼儿有机会去探索、接触这些模型，并且适当扩大科学区空间，提供更大的活动范围，避免幼儿在模型之间穿梭时发生危险。科学区的空间规划，需要合理化及科学化，让幼儿在科学区活动中，时时感受到科学活动的魅力，提升自身的科学素养，培养创新能力。

（二）环境创设要满足活动需要[1]

科学区的活动内容丰富，有的需要水、有的需要电、有的需要黑暗或光照，所以，科学区最好临近水源、光源和电源，或者其他特别的装置。另外，科学区的探索活动需要幼儿专注、投入，动脑筋思考，所以，科学区最好与表演区等相对吵闹的区域有一定间隔。

（三）创意布局，多维度利用

大班幼儿进行的科学实验更有难度、更具挑战性，同时也会使用到一些需要教师指导使用的物品工具，所以在存放材料柜的选择上可以将高、矮两种柜子结合利用。高柜子可以很好地将区域分隔以减少干扰，可以将需要教师指导使用的材料，和主题不符、不需要的材料放在高柜子或封闭的柜子中，根据活动需要，分阶段、有序地使用；其余材料放在较矮的、开放性的柜子中，也便于幼儿自己选取材料，有利于幼儿自主探索。

我们还要重视科学区墙面的设置。如可以用照片、示意图来展示科学探索活动中的仪器材料以及操作步骤，幼儿可以根据图示自主探索，完成实验过程。在墙面的设置过程中，为了使墙面更能吸引幼儿的注意力，我们可以请幼儿参与到科学区墙面的设置中，让他们一起搜集图片、资料等，同时将自己的实验记录、结果呈现在墙面上。通过参与环境创设，不但可以帮助幼儿积累科学探索活动的前期经验，而且还使他们对自己创设的环境更加关注，进而使环境更好地发挥其隐性教育的功能。

另外，围绕着选定的活动主题，进行相关的书籍、玩具、装饰品等的布置，既

[1] 陈丽婷．小科学 大味道——浅谈科学区的创设［J］．科学大众（科学教育），2014（5）：116

增加了科学区环境创设的丰富性和生动性，也增强了科学教育与实际生活的关联性，有利于幼儿对科学知识的学习和掌握。

（四）灵活设置，多角度延伸

我们可从多角度来延伸考虑科学区的创设。首先，为了使幼儿的活动内容更加丰富，探究水平得到更好的提升，我们在科学区创设上更加注意活动难度的递增，使得不同水平的幼儿都能得到能力的延伸和提高，比如可以在科学区设置“挑战区”“探索区”等区域，或是将幼儿感兴趣的区域做大做深，提供给他们更广阔的操作空间。[1] 其次，科学区环境创设的自然化不仅局限于室内，更应该积极拓展到户外。例如，在晨间活动、游戏放松环节，可以带领幼儿在户外开展自然探索的教育活动，对生活中常见的小花小草进行观察，对温顺的小羊等动物进行观察，对不同季节中植物的变化进行观察等，从而达到更加生动和真实的教育效果。最后，可以将观察结果进行互相交流和总结，再通过图画等形式进行表达，并将图画进行汇总，在科学区中设置“展示区”进行材料粘贴展示。我们可将收集来的班级资源库的材料进行二次整理，置于幼儿可见的场地，供幼儿根据各自的需要选取，不局限于科学区原有的材料，做到物尽其用，使活动材料得到延伸。

科学、合理地进行科学区空间规划与环境创设，可以有效发挥环境的隐性教育功能，如特定场地设置和墙面环境布置，可以引发幼儿对环境的关注，促进幼儿自主探究、不断创新。

第三节　科学区空间规划与环境创设案例

一、小班科学区案例

（一）区域空间介绍

班级科学区位置靠近水源，且光线充足，整体为半封闭式区域，科学区涵盖声、光、电、磁、热、力等不同性质的活动，可具体划分为观察阅读类、科学玩具类、科学实验类、制作创造类。另外，班级标识采用幼儿能看懂的图画表示，以图片为主。从区域大标识到科学区规则，摆放高度适合小班幼儿视角。此外，科学区收纳筐与对应柜面的影子动物匹配、采用小动物拼图等标签，让幼儿感受环境摆放的秩序感。

[1] 陈宝玲．幼儿园科学区环境创设的策略探究［J］．新智慧，2020（32）：77-78.

小班科学区整体环境

（二）区域空间规划

班级的区域空间除了基本的柜体以外，还进行了空间拓展，以下几处都能看到无形空间转化为有形环境的痕迹。

墙面：科学区的墙壁，采用悬挂或可粘贴的操作材料。幼儿在科学区的游戏小故事也都呈现在墙面上，能有效支持幼儿回顾游戏与巩固经验。

地面：班级科学区地面除显示活动范围外，还与班级集体教学活动区域进行了联动，在区域游戏开展过程中，幼儿可将棋类游戏材料“打包”至延伸区域进行游戏。

柜面：班级的柜子里整齐摆放着科学区实验的基本操作材料，如魔力磁铁、颜色配对、有趣的静电、海绵运水、沉浮实验等。每个游戏材料单独存放在一个筐子或者盒子里，有序摆放，伴随活动的开展，内容机动增删。利用固定或悬挂于柜子上方的网架，可为幼儿直观呈现实验操作步骤和方法示意图，方便幼儿掌握自主学习的方法，发展自主探究的能力。

小班科学区材料柜

桌面：桌面则主要供幼儿摆放当天所选择活动的材料或主题活动下新增设的科学操作材料。如遇观察时间相对较长的科学活动，桌面可成为幼儿实验操作、持续观察的空间位置。

（三）区域创设亮点

班级幼儿天性好玩、好动，有较强的好奇心，因此，教师要重视根据材料的特点创设情境，注重增强其本身的趣味性。例如，在秋天的季节性主题活动开展过程中，我们将收集的落叶分放在“篮子”中，引导幼儿在“捡落叶”的情境中，扮演“小小园丁”，同时完成点数经验。

班级占比面积较大的感官墙也吸引着孩子们的持续互动。孩子们可以从各种材料组合而成的触摸墙、声音墙及光影墙的整体创设中充分调动触觉、听觉、视觉等感官，体验不同物体、声音等带来的感受。

（苏州市吴江区盛泽幼儿园　李伟娟）

二、中班科学区案例

（一）区域空间介绍

班级科学区设立在较为安静、离水源近且光线充足的地方，确保了幼儿在科学区探索时拥有适宜的环境。该区域采用多维空间的创意布局，既突出了活动的可操作性、趣味性和游戏性，又满足了幼儿的好奇心和求知欲。科学区内部划分为实验操作区、材料摆放区、幼儿实验记录展示区等多个功能区，每个区域都发挥着不可或缺的作用。

中班科学区空间布置

（二）区域空间规划

教师利用墙面、柜子及柜面、地面、桌子等空间，将科学区的各个部分紧密而有序地连接在一起，形成一个既独立又统一的整体。

墙面：科学区的墙面被充分利用，用于悬挂或粘贴部分操作材料和幼儿的科学游戏小故事。这些展示内容不仅丰富了墙面的视觉效果，还有效支持了幼儿游戏回顾与巩固经验。

地面：地面开放空间有余，能够满足班级地面类科学探索需要。在开展班级活动“家乡的船”时，利用地面放置大型气垫船，供幼儿持续进行不同船只的沉浮实验。

柜面：两个大小一致的开放式柜子被整齐地摆放在科学区内，一个主要摆放幼儿实验操作所需的基本材料，另一个则摆放一些推荐的科学实验材料。柜面还放置纸笔，方便幼儿在进行持续性观察的科学实验（如白菜染色实验）时进行记录和自主学习。

桌面：我们确保每张桌面都足够宽敞，以便幼儿能够自由地摆放和操作材料，并对实验内容进行及时记录。中班幼儿还可以在桌面上根据自己的想法、上一次游戏或新材料的投入情况制订近期的游戏计划。

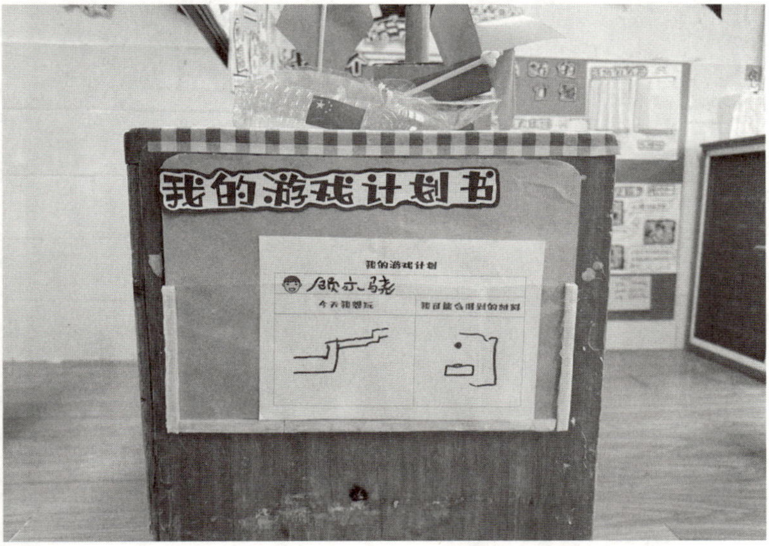

中班科学区板面墙

（三）区域创设亮点

可移动式屏风：本班在科学区与益智区中间放置一面可移动式屏风，以保证幼儿在探索过程中的安静氛围。这一设计不仅满足了科学区对安静环境的需求，还增加了空间的灵活性和趣味性。可以在屏风面上张贴幼儿关于“沉与浮”实验的过程性材料，并设置留白，以支持幼儿的下一次探索。这种留白设计为激发幼儿的探索欲望和创造力，提供了更多的可能性。

持续性观察实验：在柜面上放置可以进行持续性观察的科学实验（如白菜染色实验），让幼儿能够长时间观察实验的变化和发展。这种设计有助于培养幼儿的耐心和观察力，同时也为他们提供了丰富的科学学习经验。

（苏州市吴江区南麻幼儿园　金诗艳）

三、大班科学区案例

（一）区域空间介绍

班级科学区在创设的时候选择了临近水源、光线又好的区域。除了常规的墙面、柜面、桌面操作区外，教师利用灵活取放的地垫，为科学区新增了一大块地面操作区，解决了科学区游戏人数受限的问题。此外，班级科学区从环境创设到材料投放都更加自由、自主，创设“材料超市”是鼓励幼儿自主选择科学游戏的内容和材料。

大班科学区空间布置

（二）区域空间规划

班级的区域空间规划，利用了墙面、柜面、桌面、地面等多维空间，为幼儿提供了充足的游戏区域。

墙面：班级科学区的墙面，主要包括“头脑风暴”和“问题墙”两大块内容。

“头脑风暴”是科学区实验的步骤图，是科学区游戏的支架，采用卡片的形式，可以随取随用，也可以根据幼儿的兴趣及时更换。“问题墙”是幼儿在游戏过程中遇到的问题，以儿童表征的形式展现在墙面上，是幼儿与科学区的一种互动。

大班科学区材料柜

柜面：科学区的柜面上展现的是现阶段幼儿感兴趣的科学区活动过程和持续性观察和记录的实验。一个柜面上是“提取叶绿素”实验，这是一个持续性的过程，小朋友可以直接在柜面上操作，也可以时不时地来观察记录实验结果。另一个柜面是现阶段幼儿感兴趣的“水”实验活动的主题墙，记录着幼儿的探究过程。

桌面：桌面主要是供幼儿摆放当天所选择的材料或主题活动下新增设的科学操作材料，是幼儿进行科学操作活动的主要场地。

地面：提供可灵活取放的地垫，幼儿可以自主选择将科学区材料放在地垫上进行探索。也实现了一定程度上的分流，能让幼儿更专注自己的游戏，减少幼儿之间的相互干扰。

（三）区域创设亮点

本班科学区利用柜面、地垫等材料很好地延伸了科学区的空间，可以同时容纳更多幼儿进行科学区游戏并且互不干扰。在材料投放上以低结构材料为主，利用收纳柜创设“材料超市”，鼓励幼儿开展创造性游戏。同时也利用收集来的班级资源库材料进行二次整理，投放于科学区，供幼儿自主选取。材料不局限于科学区原有的材料，做到物尽其用，使游戏内容得到拓展。

班级科学区还创设了“问题墙”，利用表征的形式将幼儿的游戏过程进行了留存。“问题墙”上不仅有幼儿在科学区游戏中遇到的问题，还有幼儿的思维过程，能让幼儿在科学区游戏经验进行串联和延续。

（苏州市吴江区南麻幼儿园　沈诗佳）

第四章 循规蹈矩 因势利导

——科学区规则制定与标识设置

本章简介

科学区是幼儿独立或者合作进行自主探索的场所，幼儿天性自由、无拘无束，如果没有标识的隐性指导，缺少规则的合理引导，幼儿在科学区内的活动可能会缺少目的、散漫无序、无法深入。因此，科学区规则和标识的作用就显得尤为重要。本章主要从三个方面展开阐述：科学区规则与标识的概念意义、类型和创设原则；科学区规则制定和标识设置的策略；教学实践案例。

思维导图

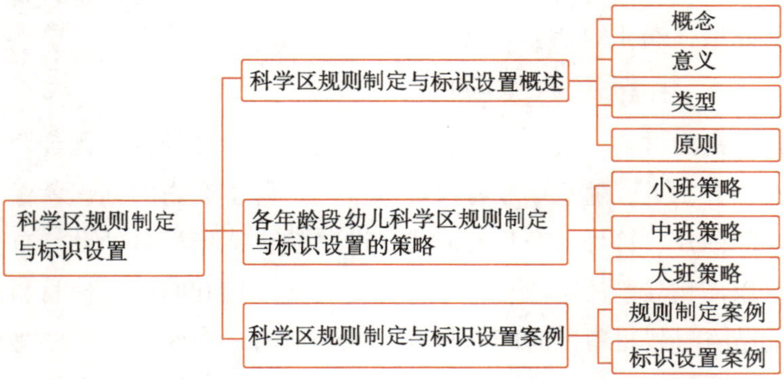

第一节 科学区规则制定与标识设置概述

一、科学区规则与标识的概念

科学区规则是指为了维护科学区的正常秩序、保障幼儿的安全、促进幼儿的科学学习和探究能力发展，教师和幼儿在实践中共同约定的一系列行为准则和要求。科学区标识是指为了引导幼儿正确理解和使用科学区内的设备和材料，提醒他们注意安全事项而设置的视觉信息。通过制定科学合理的规则和设置清晰明确的标识，可以为幼儿营造一个安全、有序、富有探究性的科学学习环境。

二、科学区规则与标识的意义

（一）科学区规则的意义

科学区规则是在幼儿自主体验的前提下形成的。幼儿在科学区内与环境互动、与同伴互动，在实践中体验与内化规则。首先，科学区规则可以保障科学探索活动的有效开展。根据游戏内容，师幼共同商量、制定的规则可以帮助幼儿合理分配进区人数，正确使用工具，深度探索材料，满足其好奇心和探知欲。其次，科学区规则可以培养幼儿良好的学习品质。幼儿在科学区的活动会经历发现问题、分析问题、解决问题的过程，他们将期间发生的猜测、观察、记录、比较、验证、交流等方法梳理成规则，提醒自己及他人遵守，逐渐形成不怕困难、敢于探究及认真专注、乐于分享等受益终生的学习态度和学习品质。最后，科学区规则还能有效促进幼儿社会性发展。幼儿利用规则处理探索活动中产生的分歧，便是他们学会协调、适应、合作的过程，能增强幼儿的社会规范意识。

（二）科学区标识的意义

科学区内丰富的材料、自由的探索氛围等能引起幼儿的探索兴趣，但也可能让幼儿只停留在摆弄工具、随意摆放材料等水平上。科学区内的标识就像一位隐形的老师，以形象的图片、符号、照片等形式，潜移默化地指导着幼儿。首先，科学区的材料标识可以使物品摆放整洁、有序，方便幼儿取用和归还，使材料的利用率得到提高，也能节省寻找材料的时间，帮助幼儿养成有序收纳、规范整理的习惯。其次，科学区的操作标识可以给幼儿的活动搭建支架，给不同能力和水平的幼儿提供学习的可能。如对小班的幼儿可以提供操作示意图，对中班的幼儿可以提供问题板，对大班的幼儿可提供实验阶梯记录墙等。最后，科学区的标识也可渗透各领域的教育目标，如颜色配对、点数配对等。幼儿参照标识取放材料的过程，也是不断思考、不断学习的过程，不仅使取放材料充满趣味性，同时在这个过程中又建构了相关的经验。

三、科学区规则与标识的类型

（一）科学区规则的类型

1. 按照规则的生成方式分类

按照规则的生成方式，科学区规则可以分为基本规则和生成性规则。

（1）基本规则。

基本规则主要是指活动开始之前，教师和幼儿一起为活动顺利开展而商量制定的规则。主要包括以下几项：

① 进区规则。根据科学区空间的大小，教师和幼儿可以约定每次进区的人数，然后根据幼儿的认知特点，以不同的表现形式呈现进区人数的规则。如小班提供代表科学区的挂牌（画个问号、放大镜等），幼儿进区的时候，需要每人挂一个牌子，当挂牌用完了，就说明今天科学区人数满了。中大班可以用插卡、符号、数字等方式呈现进区规则。

进区规则

② 操作规则。根据科学区的特点，教师和幼儿通过讨论一起达成取用材料、仔细观察、动手操作、实验记录、安全使用工具等的规则。它有利于促进幼儿认真专注、互相合作、不怕困难、敢于尝试等品质的养成。

操作规则

③ 整理规则。区域活动结束后，幼儿将科学区的材料进行整理归纳的规则。如探索工具放回原位、下次还可用的材料放回相应的材料筐、实验过后不能再利用的材料放进相应的垃圾桶、打湿了的材料进行晾晒、有些工具进行清洗等。

整理规则

（2）生成性规则。

科学区的规则不是一成不变的，而是随着材料、活动内容以及幼儿发展水平而呈现动态的变化。生成性规则往往是在活动中产生的，是在活动中出现了矛盾，幼儿在解决问题的过程中共同商议后产生的，是幼儿活动中的一种“契约”。

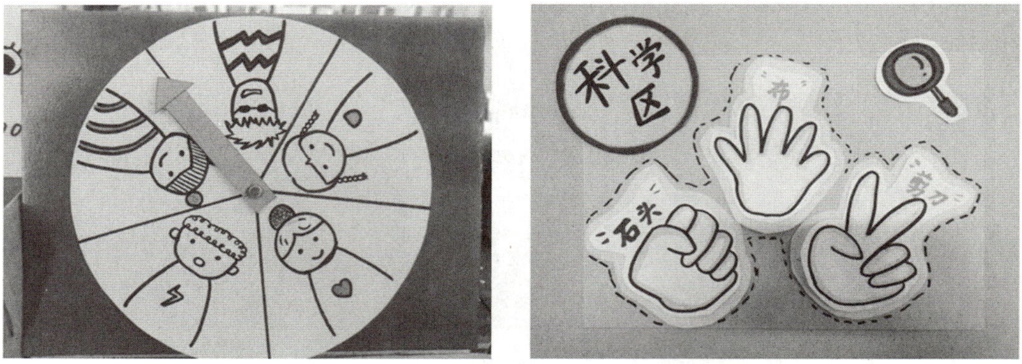

生成性规则（用“转盘”或“剪刀石头布”的方法来决定谁先玩）

2. 按照规则的呈现方式分类

按照规则的呈现方式，科学区规则可以分为隐形规则和可视化规则。

（1）隐形规则。

幼儿在科学区内根据自己的兴趣自主选择材料进行探索的同时，需要遵守一些规则，比如，进区后要从相应的柜子上选择材料进行游戏；材料用多少取多少；探索的场所相对固定在科学区内；若有需要可以自由去洗手间取水，去资源库取材料；探索的时候不大声喧哗；同伴间友好相处；听到相应的音乐清楚区域活动的时间还剩多少；什么时候区域活动时间结束需要收拾整理；等等。这些规则没有用图示表现在科学区环境中，但幼儿已经内化于心，可以把它归为“隐形规则”，即“口头规则”。

（2）可视化规则。

处于对幼儿探索活动中的安全、秩序、卫生等方面的考虑，教师在区域活动时和幼儿一起讨论，制定相关规则，并将这些规则以图示的方式呈现，让幼儿经常看得到，能不断自律并提醒他人遵守，以保证区域活动的正常进行。如在小班科学区画上一双大大的眼睛，提醒幼儿要注意观察；放置一个大大的问号，提示幼儿要动脑思考，寻找问题的答案；把幼儿专注探索的照片拍下来，旁边贴个大拇指，表示要跟照片中的小朋友一样专注探索，不打扰别人等。

可视化规则（规则牌）

根据幼儿在科学区的游戏情况，隐形规则和可视化规则会随时调整，如在小班整理玩具是可视化规则，随着幼儿对整理习惯的养成，整理规则可以转换为隐形规则；若某个阶段孩子间经常会在探索活动中发生矛盾，那么“友好相处”的规则可以用图示的方式在科学区环境中体现，成为可视化规则，随时提醒幼儿遵守。

（二）科学区标识的类型

1. 区域标牌

根据科学区的特点、幼儿的年龄特征，幼儿和老师可以一起设计科学区标牌，以图文并茂的方式展示，可空中悬挂，可贴墙面、柜面等，使来到科学区的幼儿有一种“归属感”。如小班的科学区标牌可以是一个大大的问号，可以是一张孩子拿着放大镜在观察的照片；大班的科学区标牌可以是幼儿模仿书写的“科学区”三个字加上幼儿创造的一些代表科学区的符号、图片等。

科学区标牌

2. 材料标识

材料标识是游戏材料摆放与整理过程中必要的媒介。科学区的材料丰富、种类繁多，教师经常会有目的地投放材料，或按材料的类型摆放，或按实验所需材料的组合摆放等。教师可以根据幼儿的经验水平，和幼儿一起在收纳筐、柜面设计标识，使材料投放既方便幼儿取放、整理，又能隐性指导幼儿有目的的探索，在增强区域环境秩序感的同时，也促进幼儿的学习和发展。

具有一一对应关系的材料标识

3. 操作性指导标识

科学区幼儿的探索活动自由自主、富有创造性，但有时也会出现“摆弄材料”“玩游戏停滞不前”的现象。针对不同年龄段幼儿的认知水平和学习特点，教师可以和幼儿一起研讨问题，设置操作性指导标识，引出问题或提示玩法。如工具使用的提示板、实验的流程图等，这些标识给不同发展水平的幼儿提供了活动的支架，为他们进一步的探索提供可能。例如，小班幼儿通常会长时间摆弄材料，教师可以尝试将实验材料和操作图示结合放在一起，在图示上呈现探究步骤，幼儿可按照提示逐步探究，记录发现。操作性指导标识的运用，可以充分发挥材料的作用，增强幼儿活动的目的性，但并不是每一种操作材料都需要教师提供指导性的建议，也可以把幼儿的探索过程、发现等进行梳理，以照片、幼儿的记录等方式呈现，更好地激发幼儿进一步探索的兴趣。

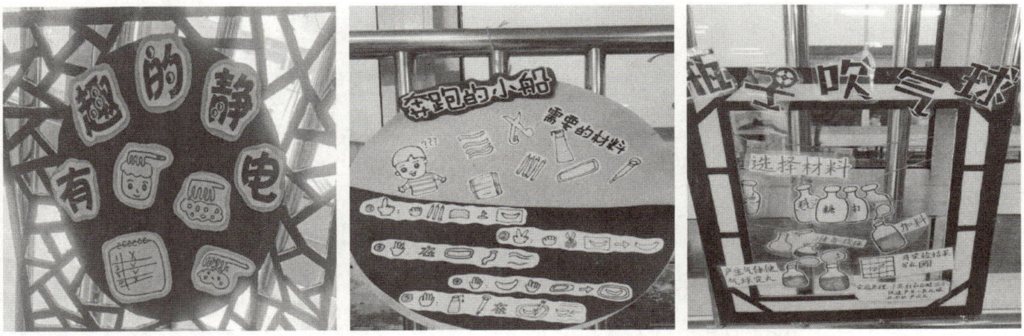

操作性指导标识（以图示、符号等形式进行提示）

4. 记录墙

随着幼儿年龄的增长，他们逐渐有了创造和解读表征的能力。教师可针对不同年龄段的幼儿，设计适宜的记录表，请幼儿通过绘画、图表、拍照等方式来记录对事物的猜测、探索的过程和发现。随着幼儿科学探索能力的发展，他们表征和交流自己想法的能力也在提高，幼儿在和同伴分享的时候，记录表就是一种可视化的探索过程证据，可以支持幼儿的科学推理，巩固新经验。教师可以在科学区的墙面设计一面记录墙，鼓励幼儿把记录表呈现在记录墙上，以便自己和同伴对实验过程进行回顾并提升经验。

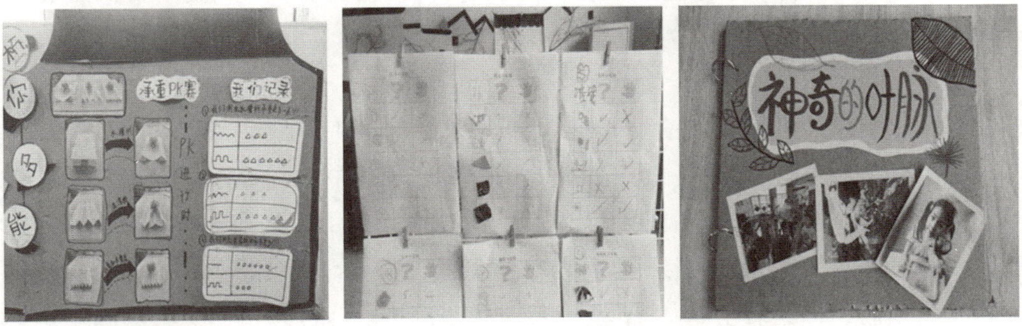

记录墙

5. 提醒标识

科学区内的幼儿可探索的内容是丰富多采的，包括声、光、电、磁等。因为区域活动的自由性，幼儿可以探究有一定深度的材料，也很容易满足于蜻蜓点水般的探究。为了引导幼儿进行深度学习，教师可根据幼儿的兴趣、经验水平等，对某一种材料或探究主题进行持续推进，如师幼共同设计“本期推荐”等标识，并不断丰富推荐主题的材料。

“本期推荐”游戏标识　　天平标识　　火山爆发标识

提醒标识还有可能在幼儿解决问题的过程中产生，如科学区有的实验跨时较长，不是一次活动时间内可以完成的，游戏时间结束的时候，没有完成的实验怎么办？幼儿经过商量，决定制作延时标识，把还在进行中的实验材料放在旁边，提醒同伴不要整理这些材料，并可利用自由时间自主进行观察。

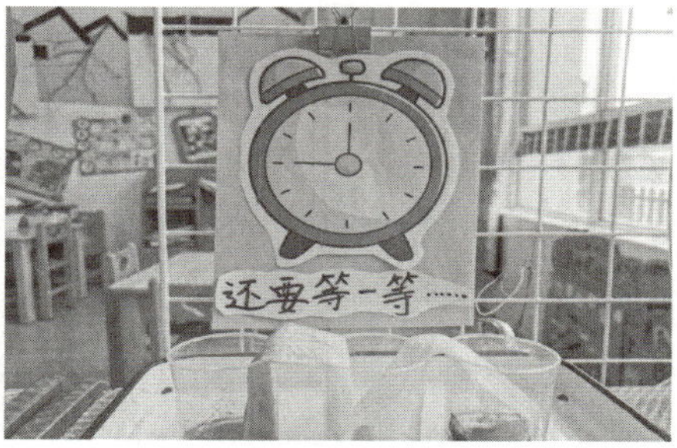

延时标识

6. 安全标识

幼儿在科学区进行探索活动时经常会用到工具，如手电筒、镜子、温度计等，有时还会用上小苏打、碘酒、醋、洗洁精等材料，有些材料是有一定危险性的。教师可以和幼儿一起设置安全提醒标识，帮助幼儿正确使用工具又不伤害自己。如在进行“火山爆发”游戏，可以用安全标识提醒幼儿操作时需要带上护目镜，在进行吹泡泡游戏时，提醒幼儿不要将泡泡水吸进嘴里等。

安全标识

四、科学区规则制定与标识设置的原则

（一）主体性原则

规则和标识不是老师的权威，而是幼儿在探索活动中发现问题、解决问题时所形成的。如果规则和标识都是由老师决定的，幼儿就不容易主动对规则进行顺应与同化，这会影响他们对规则和标识的感知、理解和认同。因此，科学区规则和标识的创设应来自幼儿，同时服务于幼儿，以幼儿为本，体现幼儿的主体性。

（二）正面性原则

如果规则都是以“不能……”的形式出现，就变成了单纯的约束，幼儿收到的都是负面的指示。每个幼儿都希望被肯定，因此，科学区规则的呈现方式尽量以鼓励、赞扬的方式呈现，充分发挥幼儿的榜样作用。如可使用幼儿专注探索、合作探究、收拾材料等照片，在照片边上画上点赞或者笑脸等激励性标记，作为科学区规则的呈现方式，尤其是针对低年龄段幼儿。

（三）适宜性原则

科学区的规则和标识要适宜幼儿，包括内容的适宜、表现形式的适宜、放置位置的适宜，让幼儿看得见、看得懂。可以根据幼儿的年龄特征及思维方式，创设适宜的科学区规则和标识。如小班可用简单明了的实物照片、生动形象的图案等作为标识；大班则可以选用抽象的、推理性的图片、符号或者简单的文字作为标识。

（四）动态性原则

随着科学区材料的变化，幼儿经验的增长，科学区的规则和标识也不是一成不变的，需要师幼在真实游戏情境下发现问题，并根据幼儿的真实需要，一起及时调整与完善。教师要将规则与标识调整的主动权交给幼儿，体现幼儿的自主性，使规则本身顺应活动的变化，体现灵活机动性。

第二节 各年龄段幼儿科学区规则制定与标识设置的策略

卢梭指出，教育要顺应自然，不能强迫和灌输，不能揠苗助长，不能过多干预幼儿的发展。幼儿规则意识的发展也有一定的规律，他们是区域活动的主人，只有通过亲身感受，体验规则与标识的作用，才能对规则与标识真正理解、认同和接纳。因此，在科学区规则制定与标识设置的过程中，要认真解读幼儿，根据幼儿的年龄

特征，从幼儿的需求出发。表 4-1 是笔者在教学实践中梳理的各年龄段幼儿科学区规则制定与标识设置的注意点。

表 4-1 各年龄段幼儿科学区规则制定与标识设置的注意点

班级	思维方式	创设主体	规则的表现形式	材料标识的表现形式
小班	直觉行动思维，具有直观性和具体形象性	教师	照片或者图片+不同的表扬方式	生活中的、简单易记的、生动形象的图案或者照片
中班	具体形象思维，具有初步的概括分类能力	教师+幼儿	图片+简单文字（图片可以是老师画，也可以是幼儿自己画）	便于观察、记忆的图片、形状、颜色，可进行二维标识
大班	抽象逻辑思维开始萌芽	幼儿	图片（幼儿自己画+简单文字）	较为抽象的、具有推理性的图片、数字等（可幼儿自己画）

一、小班科学区策略

（一）小班科学区规则制定的策略

1. 鼓励幼儿亲身体验，参与制定过程

小班幼儿处于直觉行动思维阶段，规则意识薄弱，对于教师制定的规则，很多幼儿会处于“视若无睹”的状态。只有幼儿参与了整个制定过程，才会真正理解规则的意义。入园初期，教师可引导幼儿观察科学区的设置，和幼儿一起认识科学区的材料，探讨在科学区游戏的一些必要规则。如带领幼儿进入科学区，让幼儿感受区域容纳多少人比较合适，然后教师制作挂牌，让幼儿明白入区需要戴上挂牌，当挂牌用完了，就说明这个区域的人数满了，在科学区游戏要遵守进区人数的规则。再如对于整理玩具的规则，小班幼儿对于听到音乐开始收拾玩具这一点很容易做到，但他们往往听到整理音乐响起后，就急促地把玩具塞进柜子里，不理会教师事先在柜子上做的标识。这时，教师可以和幼儿一起察看他们整理后的柜子，从中发现问题，然后和幼儿一起想办法解决。如教师拍照或设计简单的图形标识后请幼儿涂色完成标识制作，然后师幼共同把完成的标识贴在相应的柜子和收纳筐上。当幼儿参与了整个制定过程后，他们对于规则的执行也有了自己的理解。

2. 正面引导，以鼓励、赞扬的方式强化幼儿的规则意识

根据小班幼儿爱模仿的特点，将基本规则以照片的形式直观地展现在幼儿面前，从而引导幼儿模仿学习，逐渐把规则转化为行动。如在幼儿认真玩玩具时给他们拍照，将不打扰别人游戏、会分享的行为拍照记录，给游戏结束将玩具正确送回的小朋友拍照，然后把这些照片打印后剪下来，贴在科学区规则墙上，旁边贴个点赞的

大拇指、小红花、奖杯等图标。通过给好行为点赞的方式为幼儿示范，并鼓励模仿，从而正面强化规则。

（二）小班科学区标识设置的策略

1. 形象生动，易于幼儿理解与操作

小班幼儿的思维方式具有直观性和具象性，容易记住自己生活中常见的、感兴趣的、印象深刻的事物。所以，在小班科学区材料标识设置时，可选用来自于生活中的、简单易记的、生动形象的图案，或者直接以材料的照片作为标识。小班科学区的材料投放在一定的时间内应相对固定，材料标识在柜面、材料筐上以一一对应的方式呈现，方便幼儿取放。

2. 重视经验，动态调整标识的表现形式

教师在对材料标识的设置上，要关注幼儿的经验增长。对于刚入园的小班幼儿，一般对材料进行拍照，以照片的形式进行标识，贴在材料柜上，方便幼儿一一对应地取放材料。随着幼儿经验的增长，教师可以逐步改变标识的形式，如用图片、图形、颜色、点子等代替照片，发展幼儿的抽象思维。在标识的设置上，要注意幼儿经验的连续性，关注幼儿经验的发展。

3. 关注游戏，充分发挥标识的指导作用

小班幼儿缺少明确的问题意识，他们在科学区的探索比较随意，往往通过简单的观察和操作，获得一些粗浅、零散的发现。因此教师可以有目的地组合一些材料，暗示幼儿探索主题。教师可以根据材料的组合情况，和幼儿一起探讨材料的玩法，并用形象的图示展示在材料筐或者墙面上，这能对幼儿的操作起到指导的作用。小班幼儿爱模仿，教师也可把幼儿的探索活动用照片的形式呈现在墙面上，激励其他幼儿来试一试、比一比，激发幼儿的探究兴趣。随着幼儿经验的提升，操作图示也应不断调整，由一开始的操作步骤图指导上升到更多的开放性提示。

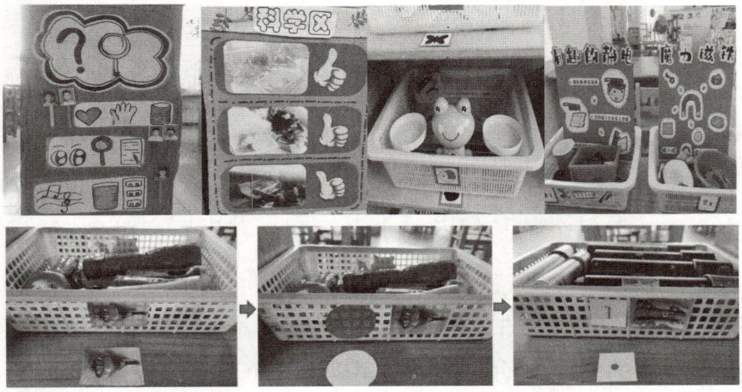

小班科学区部分规则与标识图

二、中班科学区策略

（一）中班科学区规则制定的策略

1. 由规则到活动，师幼协商讨论，达成共识

中班幼儿较小班更为独立，更加强调主体意识。活动前，教师和幼儿一起讨论科学区的规则，引导幼儿根据自己的经验提出想法，通过师幼共同梳理，明确在科学区探索过程中要遵守的规则，并鼓励幼儿和教师一起用能看懂、能理解的图示制作规则牌。活动中，幼儿随时提醒自己及同伴遵守游戏规则。活动后，教师和幼儿一起回顾探索过程中遇到的问题，师幼一起思考解决的办法，从幼儿的视角去看待规则，调整规则，最终达成共识，形成幼儿能理解并遵守的科学区规则。

2. 由活动到规则，鼓励幼儿在活动中自主生成规则

中班幼儿的问题意识开始萌芽，他们在探究活动中努力寻找问题答案的同时，会和同伴交流甚至争执，由于解决问题的能力不够，科学区内幼儿之间经常会有各种各样的“矛盾”。教师根据幼儿在探索过程中出现的问题，鼓励幼儿在发生矛盾时要与同伴商量，共同生成规则，并用绘画、手工、符号等方式记录下来。比如，幼儿在探索活动中，对于结果的猜测都有自己的想法，每次探索的结果也可能不一样，当大家争执不下时，通过协商，可以制作记录表，对实验的猜想及结果进行记录。在一次次的探索活动中，幼儿对于同一实验，可以进行多次操作并分别记录，不同的实验可以设计不同的记录表等，于是科学区关于“记录”的规则就产生，并不断升级了。再如，当植物探索活动结束时，幼儿的叶脉探索还没有完成，可以提醒他们自制一个延时标识，提醒同伴这是还在继续的实验。这些规则是幼儿在活动中根据具体的探索内容而自主生成的，幼儿意识到自己是规则生成的主人时，更有利于他们内化规则。

（二）中班科学区标识设置的策略

1. 关注能力差异，设置多维材料标识

对于中班的幼儿，设置的科学区材料标识，可以比小班时的照片、点子、图形等形式更具挑战性。比如，在材料筐和柜子上，可以用拼图、变色卡、植物生长排序图片来作为标识。但每个孩子的发展水平不同，在设置科学区材料标识的时候，应尽可能满足全班幼儿的要求。因此，可以设计多维标识，让幼儿根据自己的能力进行整理归纳，如在具有挑战性的变色卡标记旁保留点数对应的标识，以满足不同能力的幼儿进行材料的整理，幼儿在不断思考如何正确整理材料的同时，也不断地获得新经验。中班科学区材料投放时，教师可能会提供更多的组合型材料，如把静

电活动的材料放在一个筐里，把沉浮活动的材料放在另一个筐里等。在设置这些材料标识时，不仅要考虑材料筐与材料柜的一一对应，还要考虑材料与筐的对应。可以对材料进行拍照，也可以请幼儿通过绘画等方式在材料筐上做标识。

2. 创设记录墙，支持幼儿深度游戏

中班幼儿在科学区的游戏相对小班更具探索性，但受到生活经验和思维发展水平的限制，幼儿对探索的发现比较零散，在分享的时候往往不能很好地表达探索过程。教师可以根据幼儿的探索需要，和幼儿一起创设记录表、实验记录墙等标识，鼓励幼儿通过图画、符号、数字等方式记录自己的探究和发现；教师也可以把幼儿在探索中的发现拍照打印，粘贴在记录墙上。在分享环节，幼儿可以根据自己的记录表述在科学区的发现，通过教师的引导，梳理、提升经验。同时，幼儿也可以根据记录墙的内容和同伴进行回顾、探讨，了解已经对材料进行了哪些探索，在下一次的区域活动中还可以进行怎样的探索等。科学探索活动在记录墙的不断丰富中持续推进，这同时也是幼儿进行实验探索、分享交流的过程。

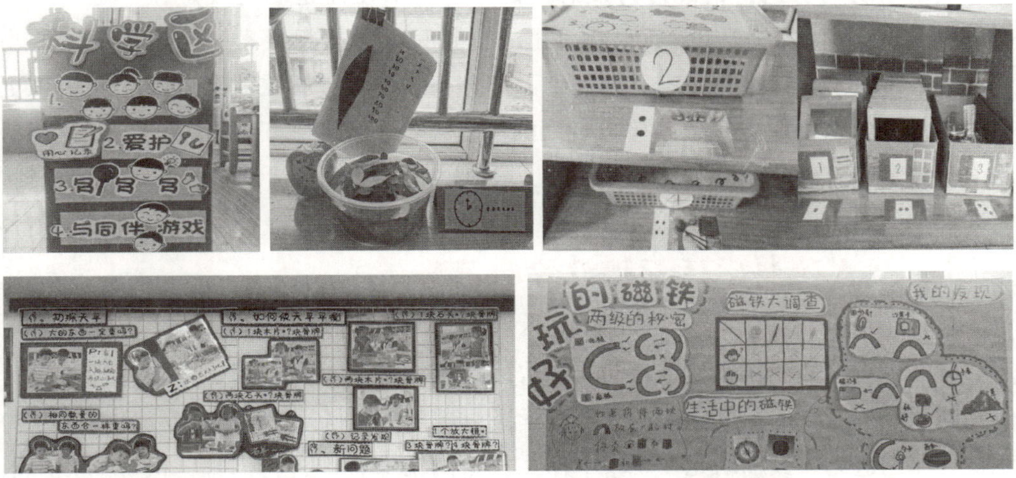

中班科学区部分规则与标识图

三、大班科学区策略

（一）大班科学区规则制定的策略

1. 激发幼儿内驱力，鼓励幼儿自主制定规则

大班幼儿的自我约束力、解决问题的能力较之小中班都有很大的提升，对科学区的基本规则已经内化，教师可以根据幼儿活动中出现的问题，鼓励幼儿自主商量，重新制定规则。如根据科学区空间大小、最近主要探索主题调整进区人数。正如超

市中的货架，每次都把重点推荐的商品放在显眼的位置。对于整理材料这一规则，幼儿根据自己近阶段的兴趣，摆放材料，自主制作相应的标识以提醒同伴收纳整理。当幼儿自主协商确定规则后，可通过图画、符号、数字等形式对规则进行表征。在科学区规则制定时，教师应给幼儿更多的自主权，让幼儿经历对规则的感受、拟定、表征等全过程，从而在规则下开展更自由的科学探索活动。

2. 重视分享评价，促进规则的不断优化

科学区规则由幼儿的探索活动情境所决定，是活动顺利开展的内在需要，应根据具体的活动情境不断地调整和修正，才能更好地体现规则的功能。无论是活动中或者活动后的分享评价，教师都应引导幼儿进行交流分享，或自评、或他评，对自己的探索方式提出改进策略，指导幼儿解决问题，提升经验，激起幼儿再学习的愿望和需要。比如，当科学区内新投入“造纸”材料后，幼儿会根据“说明书”，用提供的材料进行探索，但在实际操作中，有的幼儿会用造纸材料玩其他游戏，如拿报纸折纸、用晾晒盘玩水等，导致目的性较强的幼儿与之产生矛盾。在分享的时候，教师应鼓励幼儿对这一情况进行反思、讨论，结果往往是幼儿决定在一定的时间（如两周或一月）内“造纸”，材料筐里的材料只提供给想探索如何“造纸”的小朋友。经过分享、讨论、商定后的规则大部分小朋友都能接受并遵守了，会引来更多的幼儿对“造纸”产生兴趣。对规则的分享评价不仅存在于活动后，也存在于活动中，教师应时刻关注幼儿的探索活动，鼓励幼儿学会根据活动情境自我评价规则，促进规则的不断优化。

（二）大班科学区标识设置的策略

1. 渗透各领域内容，关注材料标识的学习功能

材料标识的最大作用就是让幼儿能快速准确地取放材料，但也不能忽视标识对幼儿其他相关经验的提升作用。大班科学区材料标识的设计，可以充分发挥幼儿的观察力和创造力。鼓励幼儿在观察中抓住材料的某一特征进行设计，锻炼幼儿对事物的观察能力，以及运用图画、符号进行表征的能力。大班幼儿对于事物和现象之间的联系有一定的认识，能够发现事物和现象之间的内在联系。因此，在鼓励幼儿自己设计材料标识的同时，也可以提供一些多元的标识供幼儿参考利用，如根据混色规律、植物的生长变化、动物的习性、排续、配对、数的分合、时钟等进行标识设计，这些有关“问题与答案”“线索与推理”的标识，让大班幼儿在取放材料的同时也在进行不断的思考，提高观察、联想、推理的能力，构建相关经验。

2. 自制游戏图书，传递幼儿的游戏经验

大班幼儿科学区的探索活动较为丰富，有限的墙面空间往往不能满足幼儿对探索发现的需要。大部分时候，幼儿的记录表都属于单次使用，分享活动结束后，可

以把这些记录表夹在一起挂在墙面上，但因为经验的零散，事后幼儿很少去翻阅。若使用幼儿单独的记录本，也极少有主动共享的时刻。这种情况下，教师可以和幼儿一起设计系列的科学探究游戏图书，如“叶脉的秘密”“有趣的布”“纸张大力士”等，教师和幼儿一起对拍摄的照片、幼儿的探索步骤、发现记录等进行梳理、绘制，完成制作。这些游戏图书既是幼儿探索、发现过程的呈现，也是探索主题的“说明书”，投放在科学区内供幼儿随时翻阅，将优秀经验传递给其他幼儿，并鼓励幼儿不断丰富图书内容，使探索活动更加深入。

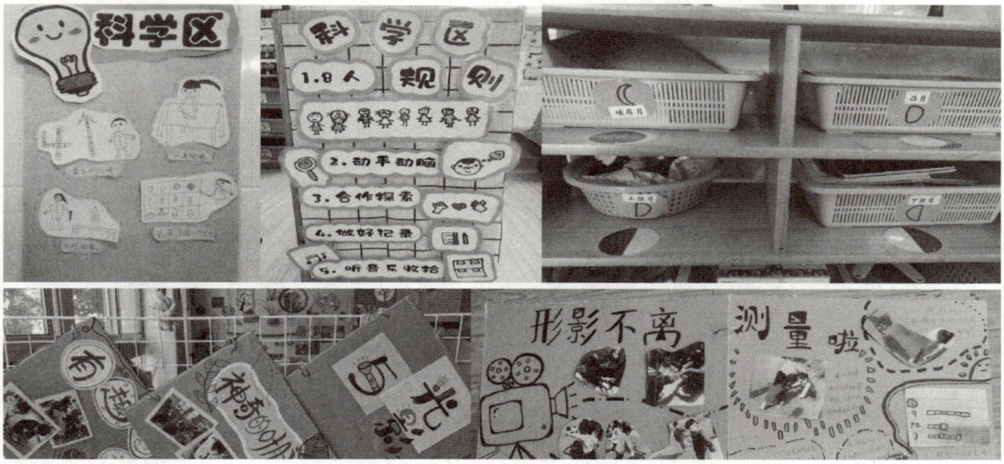

大班科学区部分规则与标识图

第三节　科学区规则制定与标识设置案例

一、科学区规则制定案例

1. 我也会分享（小班）

◉ 案例描述

橙子来到了科学区，想玩青蛙天平，可是毛毛已经在玩了，只见橙子走过去直接就拿走了天平上的青蛙砝码，毛毛见了急忙去抢回来，可是橙子不撒手，嘴巴里还不停地说着：“我要玩这个，玩具要分享。”两个人拉扯着，互不相让。教师走过去轻声说道：“发生什么事啦？”“我要玩。”他俩齐声说道。“哦！你们都想玩，可是只有一个玩具，拆开后大家都不能玩了，那怎么玩呢？”“猜拳，谁赢谁玩。”“我们可以把玩具藏起来，谁先找到谁玩。”“轮流玩，小朋友要分享的。”“两个人一起玩”……旁边的小朋友们七嘴八舌地讨论着。教师夸奖道：“你们说的办法都很棒！那怎样让其他小朋友也知道分享玩具的秘诀呢？”悦悦指指旁边的图示说：“像这样画一下就知道了。”“真是一个好主意。”教师对她翘了翘大拇指。“那我们一起来行动吧！”在大家的努力下，我们又增加了一条规则图示“我会分享玩具”，并用图片的形式分享了快速解决问题的方法：方法一是石头剪刀布，谁赢谁先玩；方法二是轮流玩；方法三是两个人一起玩。橙子和毛毛看到后拍着手说：“我也会分享，我们一起玩。”就这样，两个好朋友开开心心地拿着砝码继续玩起了游戏。

猜拳决定谁先玩，照片点赞贴墙面

◉ 案例分析

小班幼儿由于年龄小，语言表达能力弱，常以自我为中心，所以不太愿意与人分享，争抢玩具的现象经常会发生。在案例中，橙子认为玩具被拿走就表示玩具不属于自己了，不能再去玩了，因此在橙子的潜意识里会自动产生强烈的保护、独占的欲望。《3—6岁儿童学习与发展指南》指出：幼儿应愿意和小朋友一起游戏，在成人指导下，不争抢、不独霸玩具。小班幼儿的社会性能力较弱，因此需要成人不断地鼓励引导，帮助幼儿慢慢地适应集体生活，加入他人的游戏。著名教育家陈鹤琴说过：凡是儿童自己能做的，应该让他自己去做；凡是儿童自己能想的，应该让他自己去想。本案例中，橙子和毛毛发生了争抢玩具的矛盾，但老师并没有去责备幼儿，而是以同伴的身份引发幼儿的共鸣与思考，“只有一个玩具，那怎么玩呢?”，在平等的交流中，幼儿畅所欲言，大胆表达了各自的想法。然而，小班幼儿的分享意识还比较薄弱，怎样让其他小朋友也知道分享玩具的办法并付之行动呢？在师幼互动的讨论中，“我会分享玩具”的规则破壳而出，并在师幼合作下以直观形象的图示形式展示在大家面前，得到了大家的一致认可。在这个过程中，教师始终以同伴的身份支持、引导幼儿，让幼儿主动参与游戏规则的制定，真正成为游戏的主人。

（苏州市吴江区盛泽幼儿园　计佳怡　徐滢）

2. 在争执中完善规则（中班）

◉ 案例描述一

今天桃子早早来到了科学区，她选择了玩水区的沉浮实验，并邀请昕昕一起玩。桃子和昕昕把装满了水的脸盆放到桌上，又把一些材料放进了水里，昕昕指着水面上的瓶盖说："我有办法让瓶盖沉下去。"桃子说："明明是浮起来的瓶盖，怎么可能沉下去呢？"只见昕昕找来几个圆形的磁铁，小心翼翼地一个一个地放进瓶盖里，果然瓶盖跟着磁铁一起沉到了水底。桃子见了拍手道："我也要玩。"于是她也找来磁铁，和昕昕一起玩了起来。教师对两个孩子说："这游戏真好玩，你们用几块磁铁让瓶盖沉下去的呢？"两个孩子一数，意见又不一样了。于是教师拿出纸和笔，让孩子们再试一次，并且记录下来。桃子和昕昕又进行了几次实验，并且认真记下了自己的结果。分享环节时，两位孩子拿着记录表进行分享，大家一起讨论，为什么桃子和昕昕能把瓶盖沉下去？为什么两人用的磁铁不一样？除了磁铁，还有什么也可以让瓶盖沉下去？面对孩子们的各种猜想，最后教师介绍了记录表，并鼓励幼儿以后在科学区可以把有趣的实验记录下来。

幼儿把探索发现记录在纸上

◉ 案例分析

教师要多为幼儿提供观察、操作、试验的机会，支持、鼓励幼儿动手动脑大胆探索。学习科学的过程应该是幼儿主动探索的过程。教师要让幼儿亲自动手动脑去发现问题、解决问题，鼓励幼儿之间的合作，并积极参与探索活动。刚升入中班的幼儿对科学区的探索活动非常感兴趣，探索活动也更加深入，因此幼儿经常会因为一些探索发现的不同产生争执。记录表的使用，让幼儿的发现更加可视化，通过对多次操作进行比对，幼儿可以得到结论或者提出疑问。记录是科学探究活动中的重要环节，然而投入的记录表往往并没有被孩子们利用起来，刚升入中班的孩子的探索还是比较随意的，因此，教师应注意观察，有意引导幼儿发现记录的重要性。

◉ 案例描述二

科学区的孩子发现，有些装水的瓶子通过挤压，水里的回形针章鱼一会儿浮起来，一会儿沉下去，可是有的瓶子不行（有的是密封的，有的瓶口开了孔）。当浩浩好奇地加入他们的游戏时，他们兴奋地都想为浩浩介绍，但对具体哪个瓶子能成功哪个不能成功有些混淆了。浩浩说：“你们刚才怎么不做记录呢？”轩轩和沐沐默默地低下头，表示刚才太兴奋了，忘记记录了。于是三个小伙伴又进行了一次游戏，并把瓶子标好号，对每个瓶子的实验结果进行了记录。

分享环节时，轩轩主动说起忘记记录的事情，小远给大家提议：“为了让大家都记住在科学区进行实验的时候要进行记录，我们需要把这条规则贴在科学区的规则牌上，以后每次进入科学区，大家看到规则板就不会忘记了。”小远的建议得到了大家的响应，于是大家决定画一个要认真记录的规则补充在规则牌上。

在幼儿的探索活动中，我们发现他们会遇到各种新的问题、产生新的规则，这可能需要教师根据幼儿的需要及时更改规则牌的内容。如何更改规则牌更方便呢？教师向孩子们征求妙招。有的说：“重新再做一块新的规则牌。”有的说：“把新的要求贴在边上。”有的说：“可以用夹子夹住规则，规则改了就换一个规则夹起来就好了。”于是，可活动的规则牌诞生了。

幼儿在绘制记录规则、修改规则牌

◉ 案例分析

随着年龄的增长，中班幼儿呈现出无意注意向有意注意的转化，但对刚升入中班的幼儿来说，无意注意还是占了很大部分。他们对于新提出的规则比较容易忘记。在幼儿们的争执中，在同伴的互相提醒下，他们对于“记录”的规则越发认同，当有幼儿提到增加规则、改变规则牌的时候，教师应鼓励他们参与这个活动，一起重新审视科学区的规则牌，师幼共同来制作规则牌，让“记录”这个规则从口头约定变成可视化规则，进一步强化幼儿的规则意识。所有的规则都不是一成不变的，幼儿间的争执正是矛盾的显现，在解决问题的过程中，让幼儿重新来审视区域规则，亲自动手对规则进行调整、改变，让规则更好地服务于活动。这不仅是一个制定科学区规则的过程，也是幼儿学习的过程。

（苏州市吴江区盛泽幼儿园　许彬君　何雨竹）

3. 科学区“规则”诞生记（大班）

◉ 案例描述

幼儿们刚刚升入大班，科学区投放了许多新材料，吸引着幼儿们经常来打卡。

镜头一：欢欢来科学区玩变色游戏，她把材料从柜子上取出来，还拿了白纸和蜡笔。只见她不停用滴管取红、绿、蓝三原色到试管里混合，观察颜色的变化，不一会儿试管、杯子里装满了不同颜色的水，但记录纸仍然一片空白。

镜头二：元元和子峰正在操作科学区“火山”实验的时候，杨杨突然从隔壁美工区跑过来，直接上手准备摆弄游戏材料。元元马上反对说：“这是我们先拿到的，你不能玩。”杨杨非要加入实验，正当双方僵持不下时，户外活动音乐响了，三个人扔下手中的玩具径直离开了科学区，留下一片狼藉。

针对以上现象，我们对现有的科学区规则进行了回顾与探讨。当说到为什么不遵守规则时，幼儿们低下了头，小宇轻身说：“我想自己定个规则。”小宇的话得到了小伙伴的呼应，子峰说：“我要定个爱惜玩具的规则，上次我发现磁铁掉在地上打碎了。”元元补充：“我们要把实验结果记录下来。”洋洋说：“科学区人太多，我们可以加一个桌子，进区人数也可以少一点。”“不能经常换玩具！”“很多实验需要和好朋友合作。”……就这样，孩子们讨论出了很多规则，但是这么多的规则都要呈现在科学区的墙面上吗？孩子们商量画下规则后再投票决定。最后孩子们把认为最重要的 5 条规则呈现在了规则牌上，并将规则牌做成可活动的样式，以便随时替换新的规则内容。

幼儿自己设计、投票，确定了科学区的规则

◉ 案例分析

科学区的墙面上明明有活动规则，可是刚换了环境的新大班幼儿，似乎被新的环境、新的材料吸引住了，墙面上的规则成了“装饰”。《纲要》指出：让幼儿理解并遵守日常生活中基本的社会行为规则，学习自律和尊重他人。大班幼儿已经有了一定的规则认同感，他们会为了达成自己的活动目的，自己研究、制定一些游戏规则，而且幼儿自己制定的规则，内化和自我约束的效果更好。教师可以抓住幼儿的这一心理特点，组织幼儿自己制定规则，就能在区域活动中收到事半功倍的效果。教师引导幼儿自定规则，既能培养幼儿自我管理能力，还能够提升区域活动的质量。幼儿在讨论、交流和制定规则的过程中把一些规则知识内化于心，外化于行。

（苏州市吴江区盛泽幼儿园　张琳）

二、科学区标识设置案例

1. 从“没什么好玩的！”到“真有趣！”（小班）

◉ 案例描述

妍妍早上一来便选择了科学区，她一下子发现了新添置的静电实验的材料。妍妍拿起材料，开始摸索起来。她先是拿起了布，看看还有尺子，就拿尺子放在布上比划了一下，摆弄了一会儿后，她又看到材料篮里有梳子，于是拿起梳子梳了梳头，放下梳子后，便用手去摸了摸碎纸屑。随后，她把这些材料又放进了材料柜里，一个人默默地坐在椅子上，什么也不玩。

教师上前问：“妍妍，你怎么不玩了呀？”妍妍撇了撇嘴：“没什么好玩的！”教师一愣，明白可能是妍妍不知道如何利用这些材料去探索。于是教师说：“这些材料可好玩了，老师有个秘诀，你仔细看哦。”说完，拿起一张纸，用简笔画的方式画了静电游戏的流程图。妍妍好奇地盯着老师，老师问：“猜猜，这是什么秘诀？”妍妍说：“梳子和大花布是好朋友”“梳子还能钓鱼，这些小纸片是小鱼”。老师问：“那梳子和大花布是怎么玩的？”并用手势提醒了她。妍妍理解了老师画的上上下下的箭头是摩擦，于是拿起了梳子和布，用力摩擦一会，接着用梳子去碰那些碎纸片，只见碎纸片都被梳子吸起来了，妍妍开心地喊道：“我也可以钓鱼啦，这个游戏真有趣。”

幼儿体验静电游戏

◉ 案例分析

《纲要》中指出：要尽量创造条件让幼儿实际参加探究活动，使他们感受科学探究的过程与方法，体验发现的乐趣。小班幼儿因年龄较小，生活经验和阅历不足，在科学探究的过程中，他们往往只会使用单一材料，对材料间的相互作用不易察觉，这就需要教师的引导。除了口头的分享交流，操作流程图的标识也能起到指导作用。小班幼儿年龄小，对于教师事前放置在操作区的流程图可能不会去关注，教师可以以游戏的形式展示流程图，也可以和幼儿一起来制作流程图，让幼儿理解流程图，从而更好地利用流程图来做游戏。刚开始时，流程图可以画得具体一点，指示具体操作步骤，但当孩子的经验有一定提升后，流程图需要更加开放些，起到提示作用即可，既让孩子有目的地去探索，又鼓励他们更有创意地去操作、去发现。

（苏州市吴江区盛泽幼儿园　袁苏丽）

2. 标识可以简单一点吗？（小班）

◉ 案例描述

区域整理时间到，小宝发现有小朋友将玩具放错了位置，她生气地喊道：“谁啊，把玩具放错了地方，我的都不好放了！”伊伊说：“柜子上面不是有标识吗？怎么会放错呢？”旁边的欢欢不好意思地说：“刚才是我放的，我没有放错啊，我数了上面的点点的。”小宝数了数说：“你看看这是5个小蝴蝶，这里是4个点点，两个是不一样的。”“你要先数数篮子上面的东西有几个，再看看柜子上面的点点有几个，一样的才能放在一起。”伊伊指着柜子和篮子说。欢欢低头说：“要是标识能简单一些就好了。”教师听了他们的讨论，笑着说：“那你们觉得用什么样的标识比较好呢？”“可以写数字呀，我认识很多数字。”瑶瑶说。“不行，益智区的柜子上已经有数字了，搞错了怎么办？”梓妤反对。小宝想了想说：“要不用影子吧！上次我们玩影子游戏的时候发现影子好有趣呢！不一样的形状会有不同的影子。”子瑞也说：“是呀是呀，我的影子还会变呢，我做什么动作，它就会也变成一样的动作。”欢欢也说：“我会找影子的，影子是黑乎乎的”……小朋友们开心地讨论起自己玩影子的趣事。教师说：“既然你们都喜欢玩影子游戏，那用什么影子来做标识呢？”“小动物最可爱。”“可以用形状。”“我的手影。”……小朋友们纷纷提出了自己的建议，最终大家投票决定用“小动物找影子”作为科学区材料的新标识。瞧！小朋友们自发来到美工区，在老师的协助下用记号笔、彩纸、剪刀等材料制作了小动物及影子，并贴在了相应的篮子及柜子上，欢欢高兴地拍手喊道：“哈哈！以后我再也不会放错地方啦！”

幼儿制作影子配对的材料标识

◉ 案例分析

科学区原本的标识是在教师主导下采用的数量配对，从幼儿的实际操作来看，数量配对对于刚入园的幼儿有一定难度，无法将物体与点的数量进行正确配对。柜子与篮子上的标识匹配首要的作用是帮助孩子能够快速、方便地整理，若是因为不会匹配而导致材料总是放错，那就失去了标识本身的意义。因此，使用幼儿熟悉的内容，能用直观感知事物的形象来作为科学区的标识更为合适。

观察是幼儿最常用的方法，放错材料引起了幼儿对材料标识的关注，教师及时抓住这个兴趣点引领幼儿展开讨论及思考，幼儿根据自己已有的经验——影子游戏展开了联想，尝试以影子配对的方式作为科学区的新标识，这一创意得到了教师的支持和肯定，并最终得到落实。这个过程真正体现了幼儿是学习的主体，而教师是活动的支持者、引导者。《指南》也指出：幼儿感知和发现周围物体的形状是多种多样的，对不同的形状感兴趣。在本次案例中可以看出：影子游戏深受幼儿喜爱，不同的物品有不同形状的影子。影子配对主要是从视觉角度，观察判断物体的轮廓形象是否相符，考验单项维度的观察能力，符合小班幼儿的能力发展水平。影子配对标识，一方面满足了幼儿自我发展的需求，另一方面也促进了幼儿观察能力的提升。

（苏州市吴江区盛泽幼儿园　周梦丹）

3. 对“标”入座（中班）

◉ 案例背景

“老师，子涵把玩具乱放。”科学区整理玩具时，妞妞告状道。子涵立刻反驳：“我没有，老师你看，筐子和柜子上的数字是一样的。”妞妞又紧跟着一边皱眉一边指着筐子里的玩具说：“这个玩具根本不是这个筐子里的。”子涵一时无言以对。

◉ 背景分析

玩过的玩具要归类放回原处，是对幼儿良好行为习惯的培养和班级常规管理工作的日常渗透。怎样确保玩具有序放回原处呢？从小班开始，我们就利用照片、颜色、形状等做标识，在玩具筐和玩具柜上分别贴上颜色标识，让幼儿通过颜色配对学会将玩过的玩具物归原处，有序摆放。到了中班，随着幼儿认知水平的提高，玩具柜和玩具筐上的标识由原来的颜色标识变成数字或点数标识，幼儿通过数字或点数的配对学会将玩具筐放到相应的玩具柜。一直以来的常规培养和行为习惯塑造，让每个幼儿都养成了玩过玩具后将玩具筐放到相应玩具柜的习惯。但妞妞和子涵的争执却展现了幼儿在玩具整理过程中的新问题。随着幼儿在科学区探索的深入，到了中班后，科学区的很多教玩具都是针对某个科学小实验或科学现象自制的组合玩具，比起小班时单一的玩具，显得更为复杂。在整理时要放到对应的玩具筐，方便下次使用。

但有些像子涵一样的幼儿整理玩具时将科学玩具“乱安家”，虽然玩具筐放到了对应的玩具柜，但仔细一看筐里玩具摆放混乱，这让教师意识到，科学区的收纳整理这项常规工作需要改进和优化了。

◉ 案例描述

一、追根朔源：为什么“乱安家”？

师：“科学区的玩具宝宝告诉老师，小朋友给它们乱安家，害得它们找不到自己的家，它们很伤心，它们想知道小朋友为什么要这么做？”

幼：“我想快点收好，所以看到哪个筐有空就赶快塞到哪个筐里。”

幼：“我不知道它们的家到底是哪个筐，所以就随便放了。”

幼：“我看别人随便放的，我也跟着随便放了。”

幼：“筐子上要是有个标识告诉我应该放什么，收起来就简单多了。”

讨论后分析发现，玩具“乱安家”现象其实并不是幼儿故意为之，主要原因还是科学区玩具材料的零散性，让幼儿在整理时遇到了困难。

二、讨论对策：玩具筐怎么整整齐齐？

师：“那我们有什么好办法解决这个问题呢？”

幼：“把筐里装的玩具名称写在纸上，再贴在筐上。”

幼：“可是我们不认识字，写了也看不懂。”

幼：“那我们就把筐里应该放的玩具画下来，再贴在筐上。”

幼：“可是有的筐里有很多种玩具，那筐上也要贴很多画吗？”

幼：“贴那么多画能放得下吗？万一掉了怎么办？”

幼：“万一画的画别人看不懂怎么办？”

幼：“简单的自己画，复杂的我们可以用手机拍下来，不就一模一样了吗？”

幼：“这个办法不错！先把玩具筐整理好，然后让老师把每个筐里应该放什么拍成照片贴在筐上，我们看着照片整理就不会出错了。”

经过一番讨论和设想，最终大多数幼儿都认为画画和拍照片贴在玩具筐上的办法很不错，可以帮助他们快速又正确地整理玩具。于是师幼共同行动，重新将玩具筐里的玩具正确摆放后，有的幼儿自己画，有的教师拍照打印塑封好后，幼儿又通过小组合作的方式将图画和照片贴到相应的玩具筐上。

幼儿把材料以绘画的方式记录好后贴在相应的材料筐上

◉ 案例分析

幼儿亲自讨论寻找解决问题的办法以及合作贴标识图画和照片的过程，增强了他们玩具整理中的主人翁意识。他们不会再像以前一样为求快而胡乱塞玩具了，而是先对照照片将筐里的玩具一一对应后，再根据筐上的数字把筐放到对应的玩具柜中。有些缺乏耐心或粗心的幼儿仍然会装错筐，这时其他同伴会提醒，针对这一现象，我们赋予他们“玩具小管家”的职位，每次科学区活动玩具整理后，请他们进行最后的清点和检查，看看玩具是否对“标”入座，以此来激发他们的责任感，让他们进行自我督促，认真细心地整理玩具，人人争做玩具小管家，从而逐渐改掉粗心的坏习惯。活动开展一段时间后，科学区玩具混乱现象得到明显改善，幼儿利用标识整理玩具的经验也更加丰富。标识的调整优化不仅提高了幼儿自我服务的能力，让幼儿养成良好的行为习惯，也通过问题的发现和解决，锻炼了幼儿解决问题的能力和动手能力。

（苏州市吴江区盛泽幼儿园　沈彬清　庄雨萍）

4. 需要等待的实验（中班）

◉ 案例描述

科学区内，乐乐和昊昊正在做着纸巾爬色实验，只见他们神情专注地盯着眼前的透明杯。这时，轻柔的音乐慢慢响起，小朋友们陆陆续续地开始收拾整理手中的材料。可是乐乐和昊昊并没有动手整理，小朋友们纷纷来告诉老师：“老师，乐乐和昊昊不收玩具。”乐乐委屈地说：“可是我们的实验还没有结束，纸巾还没有完全变色呢！”昊昊补充道：“老师，我们准备了好久，可是我还没看到实验的结果呢，我特别想知道。”看着他们焦急的模样，教师问道：“那你们准备怎么处理你们的实验材料呢？”乐乐和昊昊环顾教室一周，看到科学区附近有一个架子的上层是空置的，便询问道：“老师，我们可以暂时放在那个架子上吗？等我们观察好了再放回去。”教师点点头，他们脸上马上绽开了笑容，迫不及待地帮材料搬了新家。

分享活动时，乐乐和昊昊分享了自己实验中遇到的问题，并介绍了自己的解决办法。小朋友们纷纷附和道：“下次我也要把没做完的实验放在那里，我上次实验做到一半就收起来了，真是太可惜了。”这时，乐乐提议：“我们能不能在这里做个记号，让小朋友们都知道这里是未完成的实验。”乐乐的提议得到了大家的一致认可，可是画一个什么样的标记合适呢？昊昊说：“画个小眼睛。”婉言说：“画一双小手。”宸逸说：“可以画一个闹钟，表示需要等待一段时间。”……最后大家通过投票的方式决定采用“闹钟标识”，乐乐和昊昊主动承担了这一任务。午餐后的自主活动时间，乐乐对着昊昊喊道：“快来看，我们的纸巾变成彩色啦！”小朋友都被乐乐的喊声吸引过去了，只见此时的纸巾变成了渐变的彩色，美丽极了！”此后，只要有未完成的实验，小朋友就会放置在这个架子上，利用自主时间再次进行观察、记录，小小的等待区俨然成了班级的一角风景。

幼儿在纸巾爬色实验的材料旁放上延时标识

◉ 案例分析

中班幼儿具有初步的探究能力，《指南》中指出：4—5岁的幼儿常常动手动脑探索物体和材料，并乐在其中，能用图画或符号进行记录。案例中，乐乐和昊昊聚精会神地投入到实验活动中，当实验未完成时，他们开动脑筋想要将实验完成，并提出了自己的设想。在与同伴的交流分享中，这一创意得到了大家的肯定，同时提出设计等待标记、设置实验等待区域，使幼儿的创意进一步得到了优化。在这一过程中，幼儿自主发现问题、提出问题并解决问题，不仅解决了当下实验的困境，也为今后实验活动的开展开辟了新的解决途径，积累了学习经验。

《纲要》也指出：要为幼儿提供自由活动的机会，支持幼儿自主地选择、计划活动，鼓励他们通过多方面的努力解决问题。教师通过自主谈话的方式，引导幼儿多角度思考、多方面表达，运用汇总、投票、绘制等形式，彰显出幼儿们的责任与担当。在这一过程中，教师是观察者、倾听者、支持者的角色。当幼儿提出实验未完成时，教师能真诚地接纳、多方面地支持和鼓励幼儿的探索行为，允许他们自主设置实验摆放区域；当幼儿选取等待标记时，教师支持他们动手、动脑，设计、制作标记，教师退后的一步，也正是幼儿前进的一步。

（苏州市吴江区盛泽幼儿园　石晓伟）

5. 实验墙助力探索活动的深入开展（大班）

◉ 案例背景

在一次户外散步时，孩子们围着桑树谈论了起来。“看，桑树叶子上有很多杆子”“像蜘蛛网一样”“那是叶脉！”琪琪自豪地说，“我爸爸跟我讲过！”叶子都有叶脉吗？叶脉都一样吗？叶脉有什么用呢？于是，孩子们找了自己喜欢的叶子回到了教室里的科学区继续探究。这是一段从“一个发现”、“几个问题”到“n 个经验”的历程，孩子们围绕问题引发了一系列的探究活动。

◉ 案例描述一

孩子们将对树叶的观察转移到了科学区，他们拿出了放大镜、勾线笔和白纸，开始了镜中探秘。若歌说：“放大镜里的叶脉一下子就变大了，好神奇啊！”她沿着叶子的轮廓将叶子的外形勾画了出来，并一边拿着放大镜观察，一边记录她的发现。其他小朋友选择了不同的叶子进行观察与记录。当他们完成后又一次展开了讨论，若歌说：“你们看，我的叶子的叶脉是弯弯曲曲地绕在一起的。”昕屹说：“我的是从下面往上斜着长的，是直直的斜线呢！”沐晗说：“我知道了，不一样的叶子，它们上面的叶脉也是不同的。”区域活动结束后，科学区的孩子们拿着自己画的叶脉组合成的“我的发现”板，跟小伙伴进行了分享。露露举手说了自己的看法：“叶脉还有不一样的吗？如果都是桑树的叶子，他们的叶脉是一样的吗？”基于孩子们的发现和问题，他们决定再次去调查，于是他们又一起制作了一块关于叶脉的“问题板”，问题板在孩子们的讨论中越来越丰富，也越来越杂乱。于是，教师和幼儿一起讨论，先梳理出几个最想知道的问题，作为下一次探索的内容。在重新制定问题板后，孩子们清楚地看到了自己最想了解的问题，根据问题进行了持续的探索。

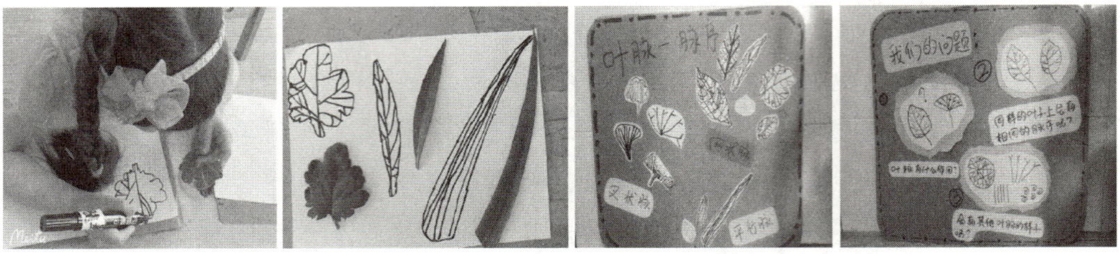

幼儿制作的叶脉发现板和问题板

◉ 案例分析

“问题板”“发现墙”给幼儿提供了充分沟通、交流的媒介。孩子们在自己的观察、老师的协助下，发现原来叶脉的脉序有多种类型：叉状脉、网状脉和平行脉等。在调查和交流中，孩子们的经验也在逐步地丰富和提高。教师的支持就是帮助幼儿进行经验的汇总和梳理，在这个过程中，幼儿对叶脉的好奇心得以激发，探索欲望进一步增强，并能够粗浅地感知叶脉脉序的类型，不断建构新的经验，而这种新经验的稳固和构建，并不是靠教师的说教，而是孩子们在一边探索、一边记录、一边梳理中习得的。

◉ 案例描述二

硕儿拿着一片叶子说：“老师，你看，我刚找到一片神奇的树叶，它身上都是一个个小洞，还能清楚地看到叶脉呢！”其他孩子也被吸引了过来。这片树叶怎么会变成这样呢？孩子们猜测各种答案，最后通过和老师一起上网搜索，发现叶肉比叶脉更容易腐烂，这片叶子上的叶肉被腐蚀掉了，只留下了叶脉。于是，一场关于叶脉提取的探究就此展开。这一次，孩子们想了各种办法：用剪刀把叶脉的花纹剪出来；用双面胶、透明胶把叶脉粘出来；把叶子放在水里揉一揉、把叶肉搓掉。他们把自己的想法制作成了取脉计划表，根据计划表分工实验。可是直到区域活动结束，没有一个小朋友成功提取叶脉。在分享环节，大家回顾了今天的探索活动，觉得有点失败。于是大家群策群力，又想出了许多新的方法，如在水里多浸一点时间、用热水泡、用刷子刷等，并把这些想法记录下来，粘贴在实验墙上。自由活动时间，还有孩子把想到的方法画在实验的想法板上。关于提取叶脉的实验还在不断进行，实验墙也在不断丰富，在不断地调整方法后，最终孩子们成功提取了叶脉，实验记录墙也越来越丰富，成了自由活动时间孩子们最愿意去光顾的地方。

幼儿把提取叶脉的想法和方法记录下来，形成了实验记录墙

◉ 案例分析

如何提取叶脉，深深地吸引着幼儿。活动起初，幼儿会一起制订取脉的计划表，计划表让幼儿的探究活动更有目的性和计划性。在制订计划的过程中，他们与同伴合作交流，尝试整理、概括自己的发现，通过记录帮助自己丰富了经验。随着活动的不断开展，幼儿的经验不断积累，他们的需求也会越来越多，在这一过程中，教师充分尊重了幼儿的意愿，不断观察幼儿在活动中的表现，鼓励幼儿发现问题，引导他们及时记录和梳理，将活动引向更深层次，提升了幼儿解决问题的能力。幼儿自发地完善科学区实验墙，无形中促进了游戏的持续发展。在后一阶段，教师可以和幼儿一起把“叶脉”探索的记录以及教师观察时拍摄的照片制作成游戏故事书，投放在科学区内，这也是科学区探索活动的操作标识，可以吸引更多的幼儿来参与相关主题。随着大班幼儿探索内容的拓展，游戏故事书也一定会越来越丰富。

（苏州市吴江区盛泽幼儿园　王琳瑜）

第五章 丰富适宜　动态调整

——科学区材料投放

本章简介

科学区材料是指班级科学区内可供幼儿探究的自然事物（主要指物质科学材料）。本章首先阐述科学区材料的概念、特点、投放原则和注意事项，然后提出各年龄段幼儿科学区材料投放的要求与策略，最后通过基本材料、辅助材料和自制材料与工具投放的相关案例，进一步介绍科学区材料投放的过程。

思维导图

- 科学区材料投放
  - 科学区材料投放概述
    - 概念
    - 特点
    - 原则
    - 注意事项
  - 各年龄段幼儿科学区材料投放的要求与策略
    - 要求
    - 策略
  - 各年龄段幼儿科学区材料投放的内容
    - 材料投放一览表
    - 科学区活动自制材料
  - 科学区材料投放案例

第一节 科学区材料投放概述

一、科学区材料的概念

幼儿园科学区材料是指教师为幼儿开展科学探索活动提供的材料，不仅包括各种实验器材和工具还包括了书、模型等。科学区材料投放是在教育环境中，为了促进儿童对科学知识和技能的探索与学习，而有计划地提供和布置各种科学相关材料的过程，旨在激发幼儿的好奇心，鼓励他们通过观察、实验、提问和解决问题来探索科学现象。

二、科学区材料的特点

（一）科学性

科学是严谨的，从幼儿的认知水平来看，幼儿认识事物具有直观的特点，认识事物多依赖于感知觉。将幼儿经过探索感知的科学概念转化为直接的操作材料进行投放，可以使幼儿获得较为丰富的感性经验。另外，幼儿的科学活动需减少误差，提高准确度，提供的探索材料应精确、标准，具有一定科学性。如实验的材料包、温度计、天平等必须是标准成品。

（二）探索性

材料的探索性能引发幼儿动手、动脑，支持幼儿与活动环境的积极互动，引导幼儿根据自己的兴趣爱好对客观事物进行操作和思考。探索，是幼儿在动脑思考基础上的动手操作，是幼儿动脑思考和动手操作交织进行的活动。[1] 因此，教师在材料的提供上应密切注意材料的探索性。因为只有具有探索性的活动材料，才能真正地引起幼儿的兴趣，使活动具有持久性，从而促进幼儿思考与探索能力的发展。

（三）生活性

《纲要》指出：科学教育应密切联系幼儿的实际生活进行，利用身边的事物和

[1] 赵霞．幼儿园区角活动中材料投放的问题与注意事项［J］．新课程，2020（51）：27．

现象作为科学探索的对象。[1] 我们生活在一个物质的世界中，周围的物质和材料具有丰富的种类，不同的物质具有各自的特殊性质。[2] 引导和鼓励幼儿关注生活中的科学，对身边的真实、自然、生活化的环境进行探究，培养他们科学思考的能力和解决实际生活问题的能力，这有益于他们真正地理解科学、热爱科学。与此同时，科学区材料投放不追求设施的高档化，除了一些必须购买的材料，如放大镜、电池、磁铁等，其他大多数材料可以在周围生活中找到，经济实用的自然材料、废旧材料，其使用效果未必比高成本的成品材料效果差，且符合环保生态理念，更加符合我国幼儿园目前的发展现状。

三、科学区材料投放的原则

（一）操作性原则

学习科学的最佳方式是做科学，学前阶段的科学教育不是死记硬背，而是需要幼儿主动和直接地与真实世界中的物体和事件进行互动。[3] 幼儿的年龄特点和认知发展过程决定了他们“直接感知、实际操作和亲身体验”的学习方式。因此，科学区的投放材料应是可感可触的材料，并非摆设，是幼儿可进行实际操作的。具体体现为以下几点：

1. 为幼儿提供多样化的材料

提供多样化的材料，以便幼儿获取多样化的经验。例如，教师为幼儿提供各种各样的手电筒。在活动中，幼儿通过观察不同种类的手电筒，了解到手电筒可以照明，同时学习用推、按、拧等方法打开不同的手电筒。

2. 为幼儿提供有结构的材料

材料并不是越多越好，有结构才有内容。所谓有结构的材料就是材料之中蕴藏着科学概念，幼儿通过对材料的操作来感受其中的科学知识。例如，在幼儿玩水的时候，教师有意提供各种形状的盛水容器，让孩子在倒水的过程中，体会到“水是没有固定形状”的这一科学概念。

（二）探究性原则

《纲要》在科学领域的指导要点中特别强调要尽量创造条件让幼儿实际参与探

[1] 教育部基础教育司编写组．幼儿园教育指导纲要（试行）解读［M］．南京：江苏教育出版社，2002.

[2] 爱泼斯坦．霍力岩，译．科学和技术：关键发展指标与支持性教学策略［M］．北京：教育科学出版社，2018.

[3] 爱泼斯坦．霍力岩，译．科学和技术：关键发展指标与支持性教学策略［M］．北京：教育科学出版社，2018.

究活动，使他们感受科学探究的过程和方法，体验发现的乐趣。科学区投放的材料是能引起幼儿关注的，不断探究、不断思考、不断解决问题、不断获得经验的材料，能激发幼儿“如果怎么样……就会怎么样”的探索。通过与材料的互动和思考，幼儿可感知事物的特性，认识事物之间的联系，通过观察、比较、操作、实验等方法，发现问题、提出问题、解决问题。因此，科学区材料的投放需遵循探究性原则。譬如，为幼儿提供开放式的辅助材料与工具，使幼儿进行深入探究。在探索用管子设计滚弹珠活动时，幼儿可以用不同方式将管子拆装，同时，还可以提供不同大小和重量的弹珠以及其他种类的管子，增加探究性。

（三）动态性原则

1. 保证材料与工具的配套和完好

在科学区中，某个小部件破损的材料和工具会降低幼儿的探究兴趣，遏制幼儿的探索节奏。譬如，科学区放置了五个手电筒，其中三个没电了。当幼儿拿到有电的手电筒时，他们会进行下一步的实验探究；若是拿到没有电的，便会选择去玩其他材料。从幼儿的表现可以看出，他们都想玩手电筒，但由于手电筒不发光，所以只好选择其他材料。科学区材料与工具的配套和完好是很重要的。

2. 保证材料逐步调整，定期更新

科学区材料的提供不是一成不变的。当幼儿对原先投放的材料兴趣减弱或在探究中出现新问题时，教师需逐步调整材料，可补充、可改进、可替换。材料的动态性还体现在各平行班之间的互动上，各班教师应及时沟通、交流幼儿科学区活动情况，做到材料互补、资源共享，让材料真正地为幼儿活动服务。

（四）适宜性原则

不同年龄段的幼儿，思维与能力发展水平不同，核心经验也不同，教师需关注各年龄段幼儿的核心经验，提供符合幼儿年龄特点的材料，使材料与幼儿的发展目标相一致。与此同时，教师需关注不同幼儿的发展水平，幼儿的科学兴趣、知识经验、探究能力及探究的主动性都会有很大的差异。因此，材料的提供需满足个体需求。

此外，幼儿的科学学习是一个复杂、持续的过程。适宜的材料与工具能推动幼儿的探究过程不断深入，譬如，对分类能力较弱的幼儿，教师可提供成套的材料，以便幼儿挑出相同的材料放在一起；对能力一般的幼儿，教师可提供几类材料，供幼儿根据材料的特性进行分类选择；而对能力较强的幼儿，教师可提供更具挑战性的材料，即涉及两个以上不同维度的材料，请幼儿分类并说出原因。

（五）联动性原则

在幼儿园区域活动的环境创设中，在幼儿看来，区域空间虽是做了隔断，却不是僵死的、固定的边界，区域与区域之间是有机联系的，区域中的材料投放亦是如此。在材料投放过程中，不只是单独关注某一区域的自主活动，而是将所关联的和必需的区域相联系，共同帮助幼儿去解决活动中真实且关注的问题。幼儿在跨学科、跨领域和跨区域的活动过程中，不断提升综合思考的能力，而跨区域的材料的投放为其他领域的深入学习奠定了基础。譬如，在科学区“光影”活动互动过程中，随着材料探究的深入，幼儿逐步发现光影会变大变小，影子不只有黑色，还可以有其他颜色等，遵循联动性的原则，美工区可投入有色玻璃纸或皮影戏配套材料以供幼儿持续探究。

四、科学区材料投放的注意事项

（一）材料投放要有目的性

教师在进行科学区材料投放时，并不是随机的、任意的，也不是主观的，而是有目的、有计划地进行投放与更新。

1. 关键点 1：提高兴趣

为促进幼儿在区域内自主地进行科学活动，教师应时刻观察幼儿的兴趣并进行材料投放，让科学区里的材料能够激发幼儿操作的兴趣。譬如，幼儿对冬天结冰产生了浓厚的兴趣，教师为幼儿提供了相应的材料，幼儿也因此对和冰有关的材料格外感兴趣。材料的提供不仅满足了幼儿兴趣，还能进一步引导幼儿了解季节和天气的变化，并且鼓励幼儿探究水的各种形态。

2. 关键点 2：培养探究能力

科学活动是一个幼儿发现问题，通过反复实验，自己尝试解决问题的过程。比如，在摩天轮科学探究的过程中，教师发现幼儿对精美的成品摩天轮玩具缺乏持续的科学探究的欲望。于是，教师为幼儿介绍了搭建摩天轮所涉及的电路连接、大小滑轮的安装、转轴的拼搭等操作，幼儿在实际操作与探究的过程中，不断探索摩天轮转动的原因、小滑轮跟大滑轮之间的关系等相关问题。在整个过程中，教师有目的性地提供材料，引导幼儿去分析问题并寻找解决方案，有助于幼儿顺利解决问题、完成作品并从中获得成就感和乐趣。

3. 关键点 3：遇到问题不停滞

科学活动中的材料比较多且较复杂，同一份材料，其本身性质未变但是结构发生了变化，最终会影响科学探究的结果。遇到这类情况时，幼儿常常会停滞不前，如在大班科学活动“纸柱”中，幼儿在尝试中发现圆柱形纸柱的承重力很大，他将积木一块一块地叠加在纸柱上，第一次不慎倒下后，幼儿仍在不停地尝试，但没有进展时，教师提供了一个新的圆柱形纸柱供幼儿操作，并引导幼儿不要气馁，想办法改变圆柱形纸柱的承重力量。

（二）材料投放要有系统性

提供的材料应是对学习内容的系统化，既要考虑材料之间的联系，又要考虑材料难度的循序渐进。科学区与其他区域不同，科学是严谨的，材料的系统性同时也包括材料的完整性。科学区材料的投放，教师应注意一个系统的投放。

每个年龄段幼儿对建构科学概念的理解是不同的，针对不同年龄段幼儿的材料投放也是有区别的，但又不是完全不同，有些材料各年龄段都可使用。如幼儿园小中大班的系列活动，小班“好玩的影子”、中班“你好！光与色”、大班“有趣的皮影戏”，主题内容是一个递进的关系，所以投放材料时也必须要有系统性。小班可投放手电筒、各种小动物磨具、镂空模具、光影小屋；中班可投放各种手电筒、各种镂空磨具、彩色光片、彩色玻璃瓶、三棱镜、光影小屋等；大班可投放有关皮影戏的舞台、手电筒、自制皮影道具等。

在中班活动“磁的材料”中，教师根据同一种科学原理，针对不同的实验过程，提供了足够丰富的系统性材料。表 5-1 为活动材料投放一览表。

表 5-1　以“磁的材料”为例的中班活动材料系统性投放一览表

实验 1：探究磁的磁性	
星级材料	星级指导
一星级：2 块磁铁	自由探索磁铁的磁性
二星级：磁体、回形针	对磁铁吸铁的现象感兴趣，引导发现磁铁具有磁性，能够用磁铁吸住回形针
三星级：不同形状磁体、纸片、回形针、雪花片、铁螺丝、硬币、木片、布块若干	初步了解不同形状的磁铁都能吸铁和铁制品的特征，尝试磁铁吸各类物品，分析哪些物品能被磁铁吸住
实验 2：探究磁在空气中的穿透性	
星级材料	星级指导
一星级：磁铁、纸张、回形针	发现磁具有穿透性
二星级：磁铁、纸张、回形针若干	用磁铁吸引回形针，最多能吸引多少，发现磁力的大小
三星级：磁铁、纸张、回形针若干、塑料板 3 张	比较磁铁隔着 1 张塑料板和 3 张塑料板所吸引的回形针数量。发现磁铁的穿透力是有限的

续表

实验3：探究磁在水中的穿透性	
星级材料	星级指导
一星级：磁铁、回形针、量杯、水	发现磁铁通过水能吸起回形针
二星级：磁铁、勺子、夹子、筷子、量杯、水、一元硬币、积木、回形针	知道磁铁通过水只能吸起带有“磁性”的物品
三星级：磁铁、回形针、量杯、水、记录表	知道磁铁通过水的穿透力有限

说明：早期可投放一星级，中期可投放二星级，后期可投放三星级。

（三）材料投放要有安全性

科学区投放的材料要具备安全性，这是幼儿顺利进行学习的保障。幼儿园采购玩具时的基本原则就是材料要符合国家安全标准、符合幼儿园安全质量标准。保证儿童的安全是幼儿教育的第一准绳，也是教师为幼儿制作材料和提供材料首先要考虑到的因素。

例如，大班科学区开展“火山大爆发”实验，就是通过小苏打和可乐发生化学反应产生大量的二氧化碳，并产生大量的气泡，迅速从瓶口中喷涌而出，就像火山爆发一样，以此让幼儿感受这一化学现象。虽然幼儿园多数班级都会采用这个实验进行科学区域活动，但也仍存在隐患。在操作这一材料的过程中，如果小苏打和可乐的量过多，或者在小苏打中倒入可乐的速度过快，大量气泡可能会喷到幼儿的脸上，误入眼睛或者咽喉，造成不必要的伤害。

在科学区里投放声、光、电类的材料时，教师也要提前对幼儿进行安全提示。大班科学区内常常投放有关电路的小材料，可以发光的小灯泡、串联电路、并联电路等，教师都要为幼儿投放绝缘的手套，引导幼儿在实验中保护自己，这也有助于幼儿培养科学实验中的安全意识。此外，像使用光类材料实验时，也要让幼儿在操作前意识到，不可以将能折射和反射的小镜子或反光板等材料对着自己或其他人的眼睛。

第二节 各年龄段幼儿科学区材料投放的要求与策略

一、各年龄段幼儿科学区材料投放的要求

（一）小班科学区材料投放的要求

小班幼儿动手能力、探究能力尚处在较浅层的阶段，且喜欢独自游戏、模仿游戏。因此，科学区中所提供的基本材料与工具需符合幼儿的已有经验，要求操作简

单、数量充足，便于幼儿取放。

小班幼儿科学探究的特点是“随机式探究”，他们没有明确的问题意识，主要是通过观察和操作获取一些随机的发现。[1] 因此，科学区中所提供的辅助材料与工具应为小班幼儿所熟悉的一些自然类的、生活类的材料，如树叶、棉花、布块、乒乓球等。

这个年龄阶段的幼儿往往喜爱反复摆弄材料。因此，科学区中提供的自制材料与工具需选用不易破损的以及能便于即时更替的材料与工具，如不锈钢碗、吸管、树枝、纸巾等，可以满足幼儿反复摆弄的行为。

（二）中班科学区材料投放的要求

中班幼儿的探究特点是开始有一定的问题意识，并会努力寻找问题答案。因此，相比小班，科学区中提供的基本材料与工具需注重多样化，且与幼儿已有的认知经验相匹配。以“光材料”活动为例，在投放平面镜、放大镜、望远镜的基础上可投放凹面镜、三棱镜。

对于这一阶段的幼儿来说，教师在科学区投放的材料需更多给予幼儿自主探究的机会，提供的辅助材料与工具需注重系统性，并以此为纽带，为幼儿的持续真学习、真探究搭建支架。

中班幼儿的生活经验和思维发展水平有限，大多只能发现事物的表面联系，提出的问题更聚焦于他们所不理解的事物和现象。因此，科学区中提供的自制材料与工具需注重具体与抽象相结合，引导幼儿进行自主探索，助推幼儿发现其内在联系。

（三）大班科学区材料投放的要求

进入大班后，幼儿的问题意识越来越强，他们的问题也越来越具有指向性，甚至会先假设一个答案，然后再去验证其正确性。因此，科学区中提供的基本材料与工具需注重纵向层次性。以“光材料”活动为例，在投放三棱镜的基础上，还可投放显微镜。

对这一阶段的幼儿来说，他们到了真正需要答案的年龄，这一时期的材料提供可邀请幼儿共同参与进来。因此，科学区中提供的辅助材料与工具需注重横向层次性。

大班幼儿对于事物和现象之间的联系也有了一定的认识，能够发现事物和现象之间的内在联系。因此，科学区中提供的自制材料与工具可以是幼儿自主改造或制作的。如在“光材料”活动中，幼儿可自制皮影道具、搭建皮影戏的舞台等。

---

[1] 齐凌．以关键经验为参照，有效投放科学区活动材料［J］．福建教育，2020（51）：31-33.

二、各年龄段幼儿科学区材料投放的策略

（一）小班科学区材料投放的策略

小班幼儿注意力不稳定，易受到外部环境的干扰，且有意注意水平较低，观察的目的性较差；但同时，小班幼儿天性好玩、好动，有较强的好奇心，喜欢有趣味的事物。因此，教师可选择贴近幼儿生活的、源于常见的科学现象及具有情境背景的材料，注重增强材料本身的趣味性和可操作性，从而吸引小班幼儿对其产生探索欲望，促进其科学思维的初生长。

1. 投放贴近幼儿生活经验的、幼儿熟悉的材料

科学区材料投放时，优先考虑幼儿日常生活中常见的物品，这些熟悉的材料，如小工具或玩具，能激发孩子们的认同感和亲切感，这种熟悉性为幼儿提供了丰富的经验背景，使得他们能够在已有的认知基础上，通过动手操作和观察，进行更深层次的探究。例如，在“沉与浮”实验中，教师可以使用常见的小玩具和工具作为实验材料。当幼儿亲手操作这些物品并观察到不同材质的物体在水中的沉浮现象时，他们会基于自己以往的经验做出预测和解释。孩子可能会说：“我发现画画纸开始时会浮在水面上，但过一会儿就沉下去了，可能是因为纸吸了水变重了。”这样的活动不仅让孩子们在玩乐中学习，还促进了他们的主动思考，将个人经验和科学原理联系起来，从而促进有意义的学习和经验的建构。

2. 投放的材料最好源于幼儿生活中常见的科学现象

幼儿生活中常见的科学现象生动、鲜活、具体，更容易被幼儿关注和观察，更适合供其开展持续探究。投放的材料与常见的科学现象相结合，可以让幼儿对原有经验进行改造和重组，建构新的经验。比如“光与影”活动源于幼儿生活中常见的自然或人造光源与物体之间产生的各种光影变换的现象，幼儿凭借原有的生活经验，更愿意去探究其产生的原因。又如，“装积木的小船”活动，源于集体教学活动“我的小船”，是幼儿开展过的集体教学活动的延伸，进一步探究小船怎样的构造能装更多的积木。

3. 投放具有情境背景的材料

教师应提供具有情境背景的材料，即材料能营造幼儿感兴趣的情境，用以刺激和激发孩子的探究。幼儿喜欢角色扮演，当材料有了情境背景，幼儿以角色身份投入活动中，体验游戏的感觉，这样的材料能更有效地调动幼儿的探究兴趣。比如，“小兔采萝卜”活动中，幼儿戴上小兔头饰，材料中的萝卜形象逼真，幼儿在快乐采萝卜的情境中进行探究。又如“小猫钓鱼”活动，小班幼儿可能并不太感兴趣，若在创设材料情景中投入一些与磁铁相关的小猫钓鱼玩具作为辅助，则能更好地引

导其感知磁铁的特性。

幼儿耳熟能详的游戏背景也能激发幼儿的探究热情。譬如“吹泡泡”和“愤怒的小鸟”活动等，都具有很强的游戏背景，能激发幼儿强烈的愿望去操作、摆弄和探究。

（二）中班科学区材料投放的策略

皮亚杰的“认知结构理论”指出，儿童发展的根本原因在于主体通过活动对客体产生适应。幼儿操作科学区材料的过程就是一种不断适应与自我调整的过程，丰富多样的材料是幼儿探究多种知识的重要前提，能够让幼儿不断建立起新的图式。中班幼儿正处于思维意识快速发展的阶段，各方面能力都有了一定提升。教师在投放科学区材料时，应积极改变单一化的投放方式，在丰富种类的同时，更注重提供组合型材料，从而有效激发幼儿的思维。因此，多样化的材料能更好地帮助幼儿了解物质的特性，进一步促进其思维的延伸。

1. 投放种类多样性的材料

活动理论的倡导者列昂捷夫指出：一切活动的发生离不开对象的存在。而幼儿游戏的开展也需要种类丰富的对象性物质材料，不同的科学材料有着不同的教育价值，那么教师在投放材料时应拓展视野，尽可能地扩大科学内容范围，以此拓宽幼儿认识科学世界的知识面。

2. 投放结构多样性的材料

幼儿在操作低结构材料时更能激发兴趣，教师应依据科学区的目标及幼儿需要，通过材料间的组合实现幼儿对材料的多种探究方法，解决高结构材料玩法单一的弊端，使高低结构材料的搭配达到均衡。在材料投放上要采用开放、自由的方式，减少教师的预设方法和操作步骤，并通过创设一定的问题情境让幼儿自主探索，生成更多的玩法，在每一次探究中有新的发现，发现材料中所蕴含的科学概念。譬如，在探究弹性的实验中，教师可提供丰富的不同弹力的材料，如皮筋、皮球、海绵、瘪皮球、干海绵、弹簧、直铅丝、松紧带、塑料玩具、橡皮泥、弹簧秤、乒乓球、塑料薄膜、木球、毛线、编织绳等。幼儿在探索中，首先可以发现周围存在有弹性和没弹性的物体，然后进一步比较不同物体弹力的大小，最后联系实际生活得到对弹力的认识，如袜子、皮肤、沙发都是有弹力的。

（三）大班科学区材料投放的策略

“认知发展理论”表明幼儿的思维水平是在经历“直觉行动思维、具体形象思维、表象思维和逻辑抽象思维”四个阶段慢慢地变化发展起来的。大班幼儿开始有较强的求知欲望并且喜欢探索。相较于小中班幼儿，其认知水平和各种经验也更加丰富。教师在其材料的投放上应按照幼儿发展的阶段性和层次性进行投放，提供难度、功能有差异的材料，可投放更抽象和更具逻辑思维性的材料，以科学操作类、实验探究类的材料为主，增加材料的难度和挑战性。

1. 投放符合幼儿个体差异的层次性材料

从横向层次来讲，同一年龄段的幼儿，教师应在遵循幼儿的个体差异基础上投放材料。教师可通过撰写观察记录，结合幼儿在科学活动中的实际表现来把握每位幼儿的特点，也可通过与家长的沟通，进一步了解幼儿自身发展水平。在投放科学材料时，要能够依据幼儿的不同发展水平提供多种形式的材料，或同一种科学材料引发不同难度的科学概念，如“吹泡泡”实验，教师提供的吸管应有长有短、有弯有直，让幼儿能够进行不同程度的探索，使材料既能满足大多数幼儿的兴趣，又能适合能力稍强或稍弱的幼儿。

2. 投放符合幼儿科学经验生长的层次性材料

教师还要注意幼儿的科学经验发展差异，由于幼儿对科学知识的理解程度不同，其科学经验的发展也是不同的。如在活动柜中呈现材料时，不要随意地摆放或呈现。一方面，活动材料投放要依据其内容线索，由易到难、由点到面地投放，让幼儿围绕同一种材料开展不同科学概念的探究。在幼儿能够熟练地操作材料并了解这一科学概念后，再在原有材料的基础上减少或添加，通过增减材料的玩法来加强材料对幼儿的挑战，使幼儿能够通过操作一种材料习得多种科学经验，完成在认知上的迁移。另一方面，依据幼儿的经验顺序进行摆放。教师应在真正了解幼儿目前的发展水平后，按幼儿经验的发展为序进行投放，如先投放单面镜，再投放可折叠成不同角度的双面镜，然后投放三角镜，最后让幼儿玩万花筒，这样幼儿就能逐步地操作万花筒、掌握万花筒的原理。

第三节　各年龄段幼儿科学区材料投放的内容

基于国家教委 1992 年颁布的《幼儿园玩教具配备目录》，结合由南京师范大学张俊教授主编的《幼儿园科学领域教育精要——关键经验与活动指导》中关于物质科学中各年龄段幼儿的关键经验的论述，梳理了各年龄段幼儿科学区材料投放的内容。

一、科学区材料投放一览表

1. 小班科学区材料投放一览表（表5-2）

表5-2 小班科学区材料投放一览表

类别		声	光	电	磁	热	力
基本材料与工具		共振音叉	平面镜、放大镜、望远镜	电池、灯泡、电线、手摇发电机	条形磁铁、U形磁铁、磁力板、磁珠、磁力棒、磁力球	温度计、寒暑表	托盘天平、砝码、弹簧秤、多功能斜面、杠杆
辅助材料与工具	成品材料	声控玩具、圆舞板、三角铁、铜锣、铃鼓、沙锤、八音盒、益智八音手敲琴、大鼓、小鼓、口哨、拨浪鼓、木鱼、陀螺、声控灯、木琴、真空钟罩、录音机、竹知了、听诊器	各种各样的手电筒、激光笔、万花筒、遮光板、电子蜡烛、照相机、荧光棒、彩色塑料片、小孔成像玩具、LED眼镜、调色眼镜、潜望镜、台灯、触摸灯手摇发电机、电池、小灯泡	电池、发亮小灯泡装置、静电离子球、声控灯、静电飞雪、悬浮飞球、电磁秋千、手摇风扇、趣味导电、电动迷宫、风力小车	磁力片、指南针、磁力迷宫、磁力车玩具、磁力画板、悬浮吹球、铁制品、磁性拼图、磁力飞碟、磁力天平、磁力弹簧、磁力游艇、磁悬浮月球车、磁悬浮司南	试管、密封玻璃管、火山喷发玩具、人造雪、太阳能小车	弹跳玩具、惯性玩具、漏斗、磁铁、弹簧、玩具皮艇、各种汽车、沙漏、不倒翁、风车、回力小车、水轮车、风力风向标、风扇、风力发电机、轱辘井、陀螺、气压火箭、过山车、单摆球、拉哨飞轮、滚珠轨道
	生活材料	绣绷、塑料袋、玻璃瓶、罐子、纸类、纸管、布类、尺、盒子、泡沫、夹子、乒乓球、积木块、毛球、木棒、线、牛皮筋、硬币、奶粉罐、铁盒、细盐、碗、保鲜膜、小勺、珠子、筷子、纸杯、吸管、吸盘、闹钟、耳机	CD、白纸、玻璃纸、餐巾纸、布类、纸盘、纸板、杯子、吸管、糖纸、酒瓶、垫板、彩色片、卡纸、笔、纸箱	塑料袋、塑料管、塑料勺子、筷子、梳子、尺子、纸类、回形针、蜡笔、夹子、石墨烯布、铅笔屑、玻璃棒、气球、手电筒、台灯、笔、乒乓球、铁片、梳子、毛线、泡沫、塑料瓶、毛发、毛巾	纸类、布类、铁片、积木、塑料、吸管、原木片、回形针、夹子、海绵、纽扣、锁、瓶盖、硬币、铁盒、牛奶罐、一次性纸杯、橡胶、颜料	杯子、水、袋子、塑料瓶、一次性塑料杯、塑料花、吸管、气球、扇子、镜片、暖手袋、保温袋、眼睛布、金属制品、纸类、布类、熟鸡蛋、色素、茶包、硬币	铁柱、尺、蜡笔、贴片、海绵、细线、彩带、水、水桶、塑料板、塑料袋、泥工板、气球、吸管、瓶盖、纸类、纸杯、海绵、盆、KT板、布类、双面胶、剪刀、皮筋、沙包、夹子、泡沫、皮筋、硬币、回形针、羽毛、玻璃瓶、毛绒球、鸡蛋壳、超轻粘土、打气筒、针筒
	自然材料	水、树叶、树枝、海螺、米、沙子、棉花、豆子、石头、木片、棉花	水、树叶、树枝、纸片、木片	水果、小木屑、木块	树叶、树枝、石头、棉花	树叶、花、棉花、木耳、茶叶、紫菜	水果、叶子、树枝、小木块、小石块、棉花

续表

类别		声	光	电	磁	热	力
自制材料与工具		自制传声筒 自制小吉他 自制听诊器 自制水瓶乐器 自制小沙锤 自制木鱼 自制空气炮 自制气球鼓 自制喇叭 自制吸管竖笛 自制手鼓 自制吉他	自制万花筒 自制透光板 自制变色盒 自制炫彩棒 自制小彩虹 自制透光杯 自制灯笼 自制彩虹桥 自制投影仪 自制玻璃纸灯 自制荧光蛋 自制白幕布	自制小灯 自制电动机 自制风车 自制电池 自制电风扇 自制潜望镜 自制纸杯台灯	自制磁力小车 自制磁悬浮笔 自制迷宫盘 自制指南针 自制磁铁花 自制磁力弹簧	自制保温桶 自制风扇 自制温度计 自制蒸汽船 自制走马灯 自制茶包火箭	自制火箭 自制气球反冲动力小车 自制动力小船 自制投石机 自制风车 自制陀螺 自制降落伞 自制空气压水机 自制降落伞 自制天平 自制潜水艇 自制空气炮 自制龙吸水
活动链接	活动一	会唱歌的吸管 材料与工具：吸管、水、玻璃杯、剪刀	寻找彩虹 材料与工具：各种各样的手电筒、白纸、水、CD、三棱镜	调皮的静电 材料与工具：气球、毛发、纸屑、盐、泡沫、吸管、毛线	会走路的瓶盖 材料与工具：磁力棒、啤酒瓶盖、记号笔、彩色圆点贴、薄纸板	牛气冲天的镜子 材料与工具：镜子、热水、玻璃杯	乘风破浪的叶子 材料与工具：水、叶子、墨水、滴管、盆
	活动二	会跳舞的小米粒 材料与工具：绣绷、保鲜膜、米、三角铁、大鼓、共振音叉。	纸杯投影仪 材料与工具：手电筒、记号笔、橡皮筋、纸杯、薄膜	会飞的蜘蛛 材料与工具：毛巾、塑料袋、塑料棒	硬币叠罗汉 材料与工具：硬币、吸铁石	变大变小的气球 材料与工具：气球、矿泉水瓶、热水、冷水、盆	潜水海马 材料与工具：吸管、回形针、水、矿泉水瓶
	活动三	蛙鸣筒 材料与工具：纸杯、各种各样的线。	七彩灯光 材料与工具：玻璃纸、手电筒	小球控大球 材料与工具：气球、乒乓球、水、盆、毛巾	磁铁泥 材料与工具：磁铁、胶水、色素、小苏打、铁屑	泡一泡 材料与工具：温度计、杯子、水、茶包、树叶、花、棉花、木耳、茶叶、紫菜	有趣的不倒翁 材料与工具：鸡蛋壳、超轻粘土
	活动四	皮筋会唱歌 材料与工具：皮筋、纸杯、牙签	失踪的宝藏 材料与工具：水、玻璃盆、宝藏图片、一次性食品袋	旋转的小星星 材料与工具：塑料棒、毛皮、纸、橡皮泥、牙签	磁悬浮电动车 材料与工具：干电池、磁铁、螺旋状铜线	会动的小车 材料与工具：太阳能小车、温度计。	有趣的沉浮 材料与工具：水、盆、海绵、塑料玩具、盆、KT板、水果、叶子、树枝、小木块、小石块、棉花、沙包、夹子、泡沫、皮筋、硬币、回形针、羽毛、超轻粘土

续表

类别		声	光	电	磁	热	力
活动链接	活动五	声音摇摇乐 材料与工具：空瓶子、豆子、白纸片、沙子、纸巾球、一段麻绳、一根毛线、一个毛球、一节树枝、一团棉花等	弹弹弹荧光蛋 材料与工具：鸡蛋、手电筒、醋、水杯	有趣的水果灯 材料与工具：水果、灯泡、电线、电池、发光小灯泡装置	小猫钓鱼 材料与工具：卡纸、筷子、回形针、磁铁	浓烟瀑布 材料与工具：纸、玻璃杯、笔、回形针、打火机	逃跑的胡椒粉 材料与工具：盘子、一杯水、胡椒粉、洗洁精、硬币
	活动六	神奇的钟声 材料与工具：真空钟罩、共振音叉	影子在哪里？ 材料与工具：各种各样的手电筒、遮光板、垫板、电子蜡烛、台灯、小灯泡、树叶、树枝、纸片、木片			冰冻花 材料与工具：线、树叶、花、纸杯	空气炮 材料与工具：侧开口废旧纸箱、纸杯
	活动七	音乐七彩瓶 材料与工具：玻璃瓶、水、筷子	手影游戏 材料与工具：黑暗的环境、小台灯或手电筒				硬币存水 材料与工具：硬币、滴管
	活动八	有趣的水波纹 材料与工具：共振音叉、三角铁、罐子、水	杯中探影 材料与工具：各种各样的手电筒、白纸、布类、杯子				绒球飞起来 材料与工具：毛绒球、纸杯、线

2. 中班科学区材料投放一览表(表 5-3)

表 5-3　中班科学区材料投放一览表

类别	声	光	电	磁	热	力
基本材料与工具	共振音叉	平面镜、凸透镜、凹透镜、三棱镜、哈哈镜、望远镜	电池、小型手摇发电机、电珠、灯泡、电线、单刀开关	各种形状磁铁、磁珠、磁粉、磁力棒、磁力片	温度计、寒暑表、酒精灯、热胀冷缩材料包	天平、砝码、钩码、镊子、测力器、杠杆、沉浮箱、弹簧、多功能斜面、滑轮组合

续表

类别		声	光	电	磁	热	力
辅助材料与工具	成品材料	声控灯、听诊器、音阶瓶子、皮筋、绳子、管子	手电筒、透光色片、万花筒	人体导电球、电子迷宫、光电陀螺	磁力钓鱼、磁力迷宫、磁力拼图、磁力旋转飞机、磁力过山车	孔明灯、太阳能小车、热风轮、火山喷发玩具	空气压水机、木质飞轮、抽水机、翻滚的胶囊、单摆球、不倒翁、陀螺、沙漏、风车、竹蜻蜓、拉力器、降落伞、玩具小车
	生活材料	瓶子、玻璃碗、纸杯、保鲜膜、纸管、纸盒、色素	各种布、蜡烛、玻璃纸、纸片	手电筒、梳子、直尺、气球、瓶盖、吸管、泡沫小颗粒、杯子、塑料瓶、各种布	指南针、回形针、塑料制品、木制品、铁制品	蜡烛、热水袋、暖手宝、杯子、空瓶、气球、火柴或打火机、色素、塑料瓶、橡皮泥、吸管、保温袋、冰袋、眼镜、糖、茶叶	弹簧、塑料盆、各种纸、海绵、乒乓球、泡沫、弹珠、打气筒、气球、皮筋、胶囊、漏斗、橡皮泥、针筒、钉子、色素、吸管、钉子、杯子、塑料瓶
	自然材料	各类豆子、大米、沙子、树叶	树叶、树枝、木片	树叶、棉花、木屑	树叶、树枝、石头、棉花	冷热水、冰块、紫菜、树叶	贝壳、石子、木块、棉花、水
自制材料与工具		自制沙锤 自制传声筒 自制空气鼓 自制水瓶乐器 自制空气鼓 自制皮筋琴 自制喇叭 自制三弦琴	自制小黑屋 自制纸杯成影 自制小孔成像玩具 自制日晷 自制调色眼镜 自制追光器 自制投影仪 自制荧光树	自制手电筒 自制静电树 自制台灯 自制多面镜	自制钓鱼玩具 自制磁力小车 自制磁力跷跷板 自制磁铁迷宫 自制磁力转盘	自制天气图像卡、天气标志 自制热气球 自制保温瓶 自制测温仪 自制溶解杯 自制热风轮 自制走马灯 自制气球瓶	自制沙漏 自制天平 自制跷跷板 自制反冲力小车 自制直升飞机 自制潜水艇 自制拉力器 自制弹弓 自制降落伞 自制风车 自制陀螺 自制压水机 自制喷泉

续表

类别		声	光	电	磁	热	力
活动链接	活动一	舞动的豆子 材料与工具：各类豆子、保鲜膜、玻璃碗、管子	捕光捉影 材料与工具：平面镜、凸透镜、树叶、木片、手电筒	好玩的静电 材料与工具：梳子、直尺、气球、泡沫小颗粒、吸管、木屑	会跳舞的回形针 材料与工具：磁力棒、回形针	高低水柱 材料与工具：空瓶、吸管、色素、冷热水、杯子、温度计	谁的车跑得快 工具与材料：玩具小车、各种纸
	活动二	小喇叭滴滴滴 材料与工具：纸管、皮筋、绳子	影子变变变 材料与工具：镂空不透光的物品、手电筒	有趣的玻棒 材料与工具：玻棒、布、棉花	百变黑毛怪 材料与工具：磁粉、磁力片	水中的火 材料与工具：冷热水、蜡烛、杯子、火柴或打火机	扭扭小飞蝶 工具与材料：各种纸、皮筋、木片
	活动三	好听的琴声 材料与工具：声控灯、纸盒	神奇七彩盒 材料与工具：七彩玻璃纸、镂空不透光物品、手电筒	小灯珠亮了 材料与工具：电池、小灯泡、电线、手摇发电机	寻找好朋友 材料与工具：磁力棒、磁珠、石头、塑料制品、铁制品	热水吹气球 材料与工具：气球、空瓶、热水、杯子	有趣的沉与浮 工具与材料：塑料盆、水、乒乓球、海绵、泡沫、弹珠、橡皮泥、贝壳、石子、木块
	活动四	神奇的回声 材料与工具：管子、玻璃碗	大话光影 材料与工具：纸片、手电筒、各种布	旋转的电池 材料与工具：电池（纽扣电池、5号电池）、电线	快乐碰碰车 材料与工具：磁铁、图钉、木块	蜡烛为什么会熄灭 材料与工具：蜡烛、空瓶、火柴或打火机	纸桥的承重力 工具与材料：白纸、木块、贝壳
	活动五	你说我听 材料与工具：管子、保鲜膜			龙卷风 材料与工具：磁铁、磁粉	气球站起来了吗？ 材料与工具：冷热水、塑料瓶、气球	
	活动六	沙沙沙 材料与工具：瓶子、各类豆子、大米、沙子、树叶			听话的瓶盖 材料与工具：磁铁，塑料制品（瓶盖、塑料盆）		

3. 大班科学区材料投放一览表(表5-4)

表5-4　大班科学区材料投放一览表

类别		声	光	电	磁	热	力
基本材料与工具		共振音叉、传声管、听筒、鼓、棒子	平面镜、凸透镜、凹透镜、三棱镜、望远镜、显微镜、照相机、玻璃片	电路盒、电线、灯泡、电池、电棒左、电棒右、红色导电线、正极弹片、负极弹片、红/黑线端子、电动机、起子、电开关、螺丝、灯座、手摇发电机、电池盒、电动马达、多功能底座、电池盒、蹄形拼接磁铁、U形磁铁、电铃、单刀开关、导线	指南针、磁铁、铁丝、铁锥、磁粉、条形磁铁、U型磁铁、钢珠球、回形针、强磁铁、环形磁铁、线圈、磁力棒	烧杯、酒精灯(教师操作器材)、温度计、吹风机、火柴、铜丝、孔明灯、铁架台、尿素、氯化钙(教师操作器材)	回力球、游标卡尺、引伸仪、弹簧、牛顿摆球、风向标、抽水机模型、离心轨道、天平、各种重量的砝码
辅助材料与工具	成品材料	三角铁、铃鼓、单响筒、双响筒、摇铃、碰铃、沙锤、圆舞板、葫芦丝、空灵鼓、笛子、口琴、陶笛、贝斯、八音琴、古筝、风铃	可盛水的透明容器、橡皮泥、银光片	蜂鸣器、螺丝、LED灯、电动玩具、手摇发电机、电动风车、电动小汽车、螺丝钉、硬币、夹子、铁丝、钥匙、玻璃、橡皮、塑料、尺、灯泡	各种各样的金属材料制品	电池、热水袋、暖手宝、火山喷发材料包	水槽、上下连续的斜坡滑道、陀螺
	生活材料	纸盒、纸箱、皮筋、吸管、铁盒、玻璃瓶、颜料、薯片罐、易拉罐	彩色透光片、塑料镜框、眼镜、图书、镜子、纸杯、水晶球、彩色塑料片、透明塑料片、不锈钢勺子、光盘、透明瓶子、透光布、积木、一次性筷子、硬币、纸杯、硬纸板、泡沫板、剪纸、塑料小动物	金属丝、金属钩、铁棒、塑料棒、扣子、纸、毛线、小布片、小风扇	透明塑料片、不锈钢勺子、光盘、透明瓶子、透光布、积木、一次性筷子、硬币、纸杯、硬纸板、泡沫板、蜡烛、瓶子、大头针	蜡烛、彩笔、温感布、镜子、抹布、糖、纸、塑料袋、手套、剪刀、硬币、乒乓球、玻璃瓶、易拉罐、矿泉水瓶、口香糖锡纸、剥壳鸡蛋、色素颜料	彩色纸、圆形塑料片、细绳、小棒、回形针、橡皮泥、布、盐、味精、糖、筷子、橡皮泥、瓶盖、皮球、乒乓球、木板

续表

类别	声	光	电	磁	热	力
辅助材料与工具 自然材料	米、木板、树叶、芦苇、茅草等	树叶、丝瓜筋、柚子皮、木片等	小木块、树叶、狗尾巴草、树枝、鹅卵石等	水、木块、树叶、贝壳、石头、沙子等	火柴、冰块、水、香菇干、胖大海、干花等	水、树叶、木块、鹅卵石、核桃、柚子皮、松果、鸡蛋、水果等
自制材料与工具	自制传声筒 自制排箫 自制音乐瓶 自制吉他 自制响瓶	自制皮影戏 自制镂空的泡沫板 自制潜望镜 自制多面镜箱 自制日晷 自制投影仪 自制氛围灯 自制照相机	自制电路玩具： 灯泡亮了 自制小小发电站 自制红绿灯	自制磁悬浮 自制钓鱼玩具 自制磁力小船 自制磁力小火车 自制气球飞屋	棒棒糖变小了 感热魔术布 温度感应笔 热能小蛇转转转 热能风车 自制吸热放热实验：冷热标记贴纸（共两张——蜡烛、雪人）	自制赛车跑道 自制陀螺 自制沙漏 自制天平 自制风车 自制会倒立的小人 自制水轮车 自制火箭筒 自制泡泡机
活动链接 活动一	小米跳舞 材料与工具：鼓、小米	镜子成像 材料与工具：各种哈哈镜、积木、硬币等	摩擦起电 材料与工具：尺、碎纸屑	磁铁吸铁 材料与工具：各种形状和大小的磁铁、回形针、铁钉、绳子、纸盒	冰冻花 材料与工具：水、一朵小花	哪辆车跑得快 1 材料与工具：木板搭成的不同角度的斜坡、小汽车
活动链接 活动二	交响曲 材料与工具：薄厚不一的玻璃瓶、易拉罐、纸盒、管子、棒子	动物照镜子 材料与工具：两个大小相同的平面镜、塑料小动物	灯泡通电变亮 材料与工具：电池、小灯泡、电线	磁铁的磁场线 材料与工具：条形和 U 型磁铁、铁屑	神奇的温感布 材料与工具：各种颜色的温感魔术印花布、冷热水	哪辆车跑得快 2 材料与工具：各种光滑程度不一的表面、小汽车
活动链接 活动三	会唱歌的玻璃瓶 材料与工具：多个盛不同水的玻璃瓶、棒子	寻找光斑 材料与工具：表面光亮、能反光的物品若干、太阳	玩具动起来 材料与工具：电动玩具、电池	瓶中取物 材料与工具：磁铁、瓶子、铁钉、大头针、回形针	神奇热空气 材料与工具：空的矿泉水瓶、冷水、热水、两个杯子	旋转的陀螺 材料与工具：各种花纹的小陀螺
活动链接 活动四	响声筒 材料与工具：瓶子、黄豆、黑豆、大米	手影游戏 材料与工具：手电筒、纸	带电的气球 材料与工具：卡纸、纸屑、气球、毛衣	沙中寻宝 材料与工具：铁钉、大头针、回形针、沙子	热传递 材料与工具：一杯红色热水、一杯无色冷水、蜡烛、火柴棍、铜丝、蜡烛油、酒精灯、铁架台。	比比谁的弹力大 材料与工具：皮球、乒乓球、羊角球

续表

类别		声	光	电	磁	热	力
活动链接	活动五		皮影游戏 材料与工具：透光布、玩具	电路连接实验 材料与工具：小灯泡两个、小风扇一个、开关一个、导线若干		热气球 材料与工具：蜡烛一支、火柴一盒、塑料袋一个、纸筒一个	多米诺骨牌 材料与工具：一样大小的积木

二、科学区活动自制材料

（一）声

1. 飞舞的声音

（1）目的。

① 感受风铃、罐子、瓶子敲击声音的不同，明白材质与声音的关系。

② 感受敲击装水不同的玻璃瓶发出声音的差异，明白装水量与音调的关系。

③ 能够组合敲击各种器材，尝试演出交响乐的氛围。

（2）制作方法。

① 用 pvc 管子搭建三层的架子。

② 准备风铃，挂到第一层架子上。

③ 准备装水的玻璃瓶，用麻绳挂到第二层架子上。

④ 将铁罐涂色，用麻绳挂到第三层架子上。

（三层架子，上面一层的材质最轻，下面一层的最重，这样更加稳固）

（3）使用方法。

方法一：一名幼儿手拿木棒，敲击各种材料，发出美妙的声音，并换另一种敲击棒，感受不同敲击棒敲击同样的物品发生声音的差异。

方法二：一名幼儿负责敲击第一排乐器、第二名幼儿负责敲击第二排乐器、第三名幼儿负责打击第三排乐器，三人合作，奏出美妙的音乐。

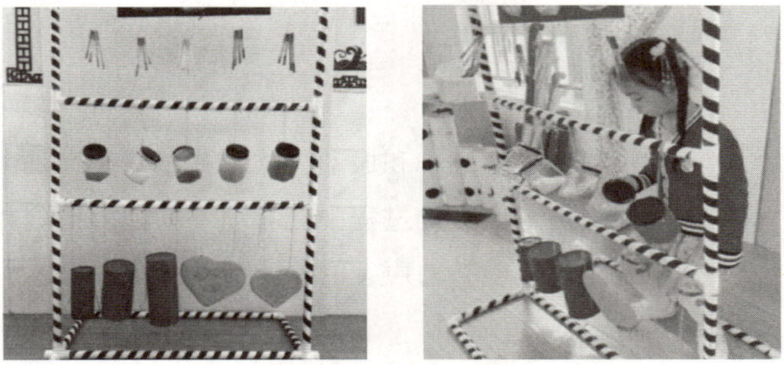

幼儿用木棒敲击玻璃瓶感受水量与音调的关系

2. 橡皮筋会唱歌

（1）目的。

① 探索用身边的物品制作皮筋玩具，学习用棉签打孔、穿皮筋等步骤。

② 了解声音是由拨动皮筋而产生的，感知皮筋的长短和振动的频率不同，产生的声音也不同。

③ 喜欢动手动脑，感受科学实验带来的乐趣。

（2）制作方法。

① 用牙签在纸杯底部戳一个小孔。

② 利用牙签将皮筋通过小孔穿入纸杯内部。

③ 把牙签折成合适的长度，用皮筋将其固定在杯内底部。

（3）使用方法。

① 拨动皮筋，听一听声音是从杯子的哪里发出来的。

② 将皮筋拉到一定长度，通过快速拨动和缓慢拨动，改变皮筋振动的频率，听一听、辨一辨，哪种方法是发出尖锐的声音，哪种方法是发出低沉的声音。

③ 通过改变皮筋的长度并拨动使其发出声响，听一听、辨一辨，哪种方法是发出尖锐的声音，哪种方法是发出低沉的声音。

幼儿用纸杯发声器感受皮筋振动产生的声音

3. 会跳舞的盐

（1）目的。

① 初步了解声音大小和振动，体验并感受声音是由振动而产生的。

② 在探究声音产生的过程中能够动手动脑，猜测并验证振动和声音的关系。

③ 乐意运用经验参与声音的探究活动，激发探索科学的兴趣。

（2）制作方法。

需要用到的材料是牛奶盒、垃圾袋、透明胶，把垃圾袋蒙在牛奶盒口上，并用透明胶进行固定，使垃圾袋呈绷紧状态，并放上少量食盐。

（3）使用方法。

① 打开手机播放音乐，并把手机靠近刚刚制作好的材料食盐边。

② 幼儿深呼吸，发出“啊啊啊”的声音靠近制作好的材料食盐边。

科学原理：声音是由振动产生的，当声音响起时，会引起空气振动薄膜，食盐也会跟着一起振动，于是便能看到声波的轨迹。

幼儿用勺子将盐洒在薄膜上，观察声波的轨迹

（二）光

1. 光影屋

（1）目的。

① 知道光在传播过程中遇到不透明的物体时，在背光面的后方形成影子，初步感知影子的形成，以及影子大小变化的规律。

② 能动手操作，用手电筒照射图形魔术盒，观察直线传播导致的形状大小以及颜色的变化

③ 愿意与同伴合作完成实验，在光影屋探索光的秘密，体验成功带来的乐趣。

（2）制作方法。

游戏一（阴晴圆缺）：在 8 开纸的中间剪出一个圆形；用胶枪把两块木条固定在卡纸上；在卡纸的四个角做一些装饰。移动剪下来的圆形，即刻开始游戏。

游戏二（魔幻纸盒）：用一个长 29 厘米、宽 16 厘米、高 9.5 厘米的长方体纸盒，在这六面体上剪掉宽 16 厘米、高 9.5 厘米的一个面。在另外 5 个面上镂空出大小不同的各种形状，星星、月亮、三角形、正方形、圆等，在镂空处贴上彩色玻璃纸，最后在魔幻纸盒上做上装饰。

（3）使用方法。

游戏一（阴晴圆缺）：幼儿把镂空圆形和实心圆形教玩具拿到光影屋内，打开手电筒，幼儿用手左右移动圆形，向左移动月亮的影子变成月牙，向右影子就会变

大，最后出现圆形。反方向时则大小变化也相反。

游戏二（魔幻纸盒）：当幼儿把手电筒对着纸盒里上下左右照射，能看到光影屋内出现七彩的各种形状，星星、月亮、三角形、正方形、圆等；当幼儿把手电筒对着纸盒里前后照射时，能看到形状变大变小的现象。

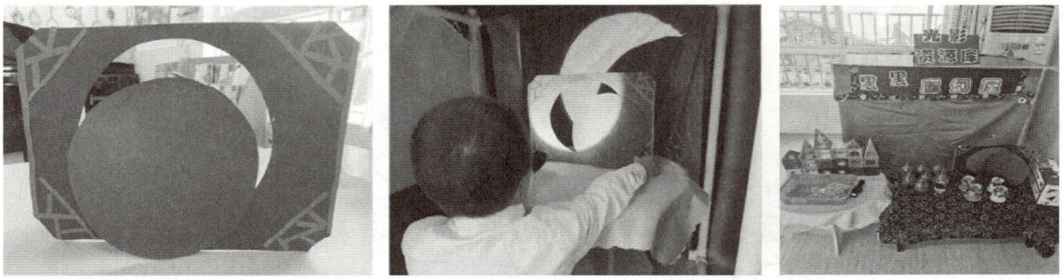

游戏一　幼儿在光影屋内感知影子的形成及大小与光源远近的关系

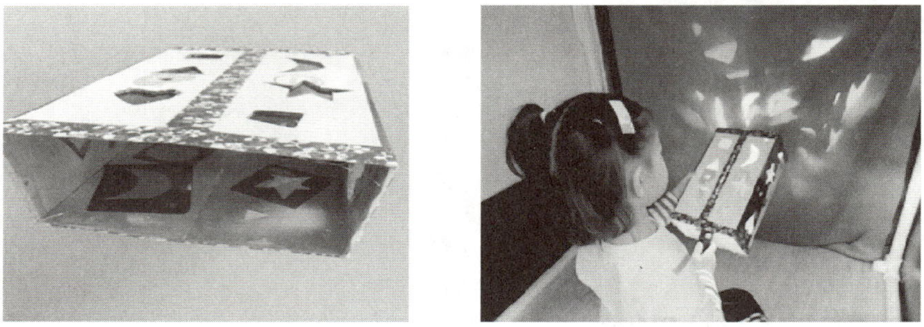

游戏二　幼儿在光影屋内感知光与色彩的奥秘

2. 咦！反方向了

（1）目的。

① 初步了解折射现象中光路是可逆的。

② 能根据观察箭头（或小人）方向的结果提出质疑，并大胆猜测。

③ 乐于与同伴共享自己的心得体会，体验游戏的神奇效果带来的快乐。

（2）制作方法。

① 用记号笔在白纸上画好两个同方向的箭头。

② 用记号笔、彩色水笔在白纸上画两个面对面的小人。（也可以画其他有方向的物体）

③ 准备一个透明玻璃杯和干净的水，将水慢慢倒入玻璃杯中，使其没过箭头。

（3）使用方法。

把画了箭头的白纸放在玻璃杯后面，使其能透过玻璃杯看清箭头，然后在玻璃杯里逐步加入水，使其高于箭头，透过装水的玻璃杯，箭头的方向会变为相反。把白纸移出来后箭头方向又回到以前。移动图案的前后位置还会发现图案会变大或者变小。同样的方法，将画有面对面小人图案的白纸放在装满水的杯子后面，当第一个小人出现在杯子后面，另一个在杯子外面时，我们会发现在杯子后面的小人调转了方向。

因为当玻璃杯装满水时，玻璃杯就像是凸透镜一样，光线经过折射之后，除了经过光心的光线不改变方向，其他方向的光线都会改变方向。因此，我们看到水中的箭头（或者小人）就变成了相反方向的样子了。

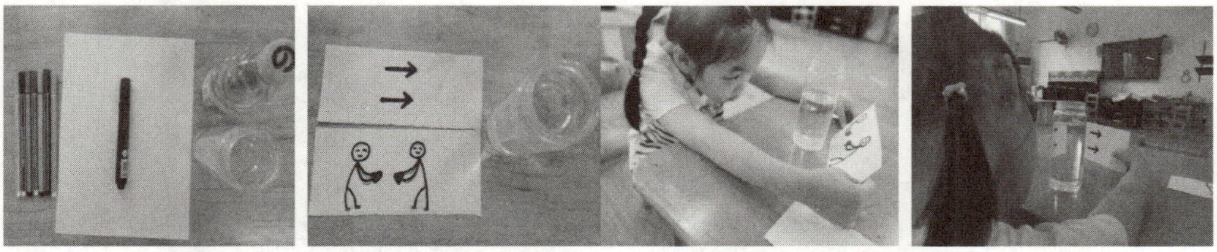

幼儿进行光折射现象的探究

（三）电

1. 趣味吸尘器

（1）目的。

① 通过观察了解生活中的静电现象，知道吸尘器的工作原理。

② 学会使用不同材料进行吸尘实验，提高动作协调性。

③ 乐于参加科学探究活动，体验科学的趣味性。

（2）制作方法。

① 电池盒红黑线分别连接电机尾部的金属端，把电机插入绿色电机支架里。

② 在电机一侧的绿色支架上贴上双面胶，透明杯盖中心穿过电机轴，然后固定在支架上。

③ 把螺旋桨装到电机轴上，并把电池盒固定上去。

④ 把吸管对中剪成 2 段，取尖头的一段，把吸管从尖头端插入透明杯子底部的孔中。

⑤ 把杯子与杯盖组装到一起，进行简单装饰。

（3）使用方法。

背景：我们的娃娃家里好脏呀，妈妈每天打扫卫生很辛苦，需要小朋友想个办法来帮助一下妈妈。

① 温馨小家有四个房间，分别为厨房、卫生间、客厅和卧室。(可旋转)

② 里面有很多的果壳纸屑，撒的到处都是。(制造垃圾)

③ 用自制吸尘器进行打扫。(体现原理)

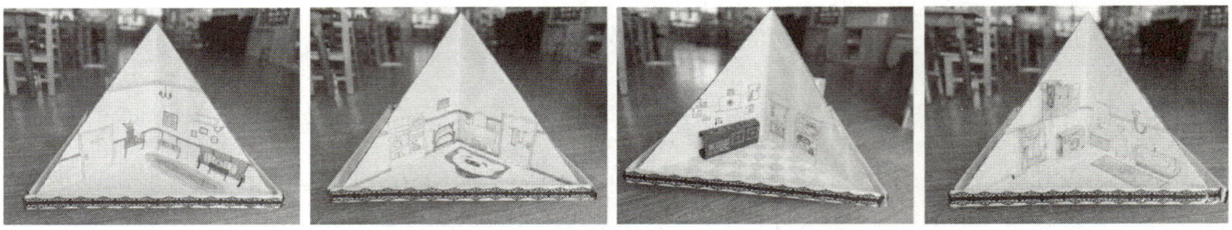

客厅背景、卧室背景、厨房背景、卫生间背景

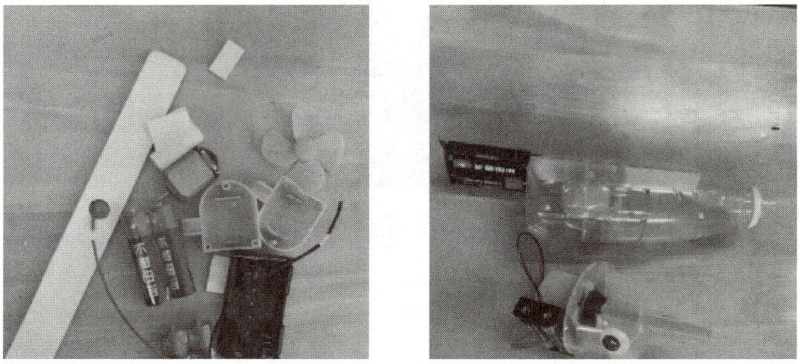

幼儿组装的自制吸尘器

2. 摩擦起电

(1) 目的。

① 通过操作、实验，初步了解摩擦起电的现象。

② 感知摩擦起电的原理，知道塑料小棒摩擦后可以吸起纸屑等。

③ 能大胆尝试，体验摩擦起电游戏的乐趣。

(2) 制作方法。

游戏一：

(1) 准备一根塑料吸管（或其他塑料物品，如尺子、梳子等）和一块毛绒布。

(2) 将一张比较薄的纸撕成小碎片。

游戏二：用一张正方形的纸，对角折出折痕，将一根吸管插在橡皮泥上（或者固定在一次性杯子上），吸管的另一头顶在已折好的小方纸中间。

(3) 使用方法。

游戏一：将碎纸片撒在桌上，用毛绒布使劲摩擦塑料吸管（或者其他塑料物品），然后迅速将塑料吸管靠近碎纸片，碎纸片就会被吸附在吸管上，摩擦力度越大吸起来的纸片会越多。吸管上的吸力慢慢消失碎纸片也会慢慢的掉落下来。可以重复做以上动作，找到怎样使吸力变强的方法。也可让两位幼儿比赛，看谁吸的小纸片多。

游戏二：用毛绒布使劲摩擦塑料吸管（或者其他塑料物品），然后将摩擦过的吸管靠近做好的小方纸，小方纸会转动起来。当吸力消失后小方纸就不动了，可以继续摩擦，让小方纸转动起来。

游戏一　幼儿体验摩擦起电游戏的神奇

游戏二　幼儿用布反复摩擦塑料吸管，纸片吸附到了吸管上

（四）磁

气球飞屋

（1）目的。

① 感受磁力的有趣和神奇。

② 明白磁铁的吸力和距离事物的远近和多少有关。

③ 能够合作尝试实验，感受成功的快乐。

（2）制作方法。

① 在纸上画出气球和小房子，涂上喜欢的颜色，沿边剪下来。

② 在瓶盖上用双面胶粘上一根细线，细线的另一头绑上一根回形针。

③ 将画好的图案粘在细线上。

④ 在瓶子的底部粘上一块磁铁。

（3）使用方法。

幼儿先把瓶盖拧上，倒立瓶子，幼儿观察气球和房屋是否升了起来？如果升起来，则表明实验成功。如果没有升起来，反思失败的原因，磁铁的吸力与事物的远近有关，进一步改正调整，再次尝试。通过实验感知其中的科学原理：瓶子底部有一块磁铁，与气球上的回形针相吸，导致气球飞起来。

幼儿利用磁铁，吸气球上的回形针，呈现气球飞起来的状态

（五）热

有趣的隔热

（1）目的。

① 了解不同材料的布具有不同的隔热效果，知道隔热效果与布的厚度和材质有关。

② 能通过使用温度计测量的方法判断不同布料的隔热效果，并使用记录表记录。

③ 积极参加科学探究活动，体验探究活动的乐趣。

（2）制作方法。

① 用 4 块不同的布制作成包裹玻璃杯的杯套。

② 在玻璃瓶上贴好等位线，帮助幼儿确定水位。

（3）使用方法。

背景：一位老爷爷要取走一个不热的瓶子，请使用不同的布制成布袋，帮老爷爷挑出一个他可以带走的瓶子。

① 将瓶子排成一排，成人可协助幼儿在每只杯子里倒入等量温热的水，并盖上盖子。

② 分别将 4 个倒好水的玻璃瓶放在不同的布做成的布袋里。

③ 用温度计对套了布袋的四个瓶子进行测温，温度计显示红色则说明该种布料隔热效果较差，温度计显示绿色则说明该种布料隔热效果较好。

④ 使用记录表，将操作、观察到的结果记录下来，判断老爷爷可以带走哪个瓶子。

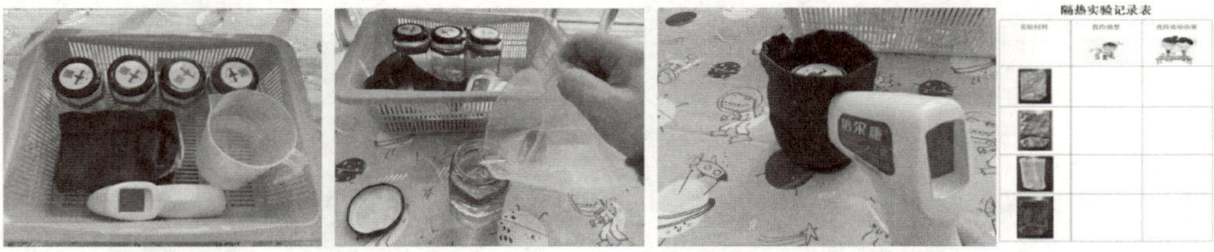

幼儿使用温度计测量套玻璃瓶的布袋，并进行记录

（六）力

水宝宝探险记

（1）目的。

① 初步了解压力的大小跟哪些因素有关。

② 通过简单的实验，尝试改变压力的大小。

③ 愿意在科学实验中大胆思考探索，体验成功带来的喜悦。

（2）制作方法。

游戏一（喷泉）：选择一个空的塑料瓶，先用钉子在瓶子靠底部处，同一水平线上打一圈孔，再快速将塑料瓶装满水，拧紧瓶盖。

游戏二（水压机）：选择一个空的塑料瓶，在瓶身上打一个孔，将吸管一端插入孔中碰到瓶底，另一端放入水杯中。将气球充满气，然后套在瓶口上。

（3）使用方法。

游戏一（喷泉）：幼儿取一个装满水并盖紧的塑料瓶，当瓶盖盖紧的时候瓶底不会漏水，如果慢慢打开瓶盖，水就会从底部一圈小孔中流出，重复松开、盖紧的动作。

游戏二（水压机）：幼儿可相互合作，一名幼儿先在瓶中装入水（不超过小孔），再把气球打满气；另一名幼儿将气球套在瓶口上，然后观察气球的变化以及瓶中水的变化。

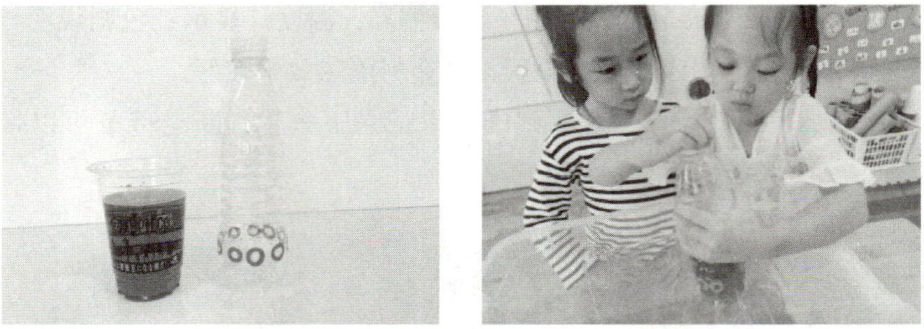

游戏一　幼儿将装有水的瓶子重复松开、盖紧瓶盖

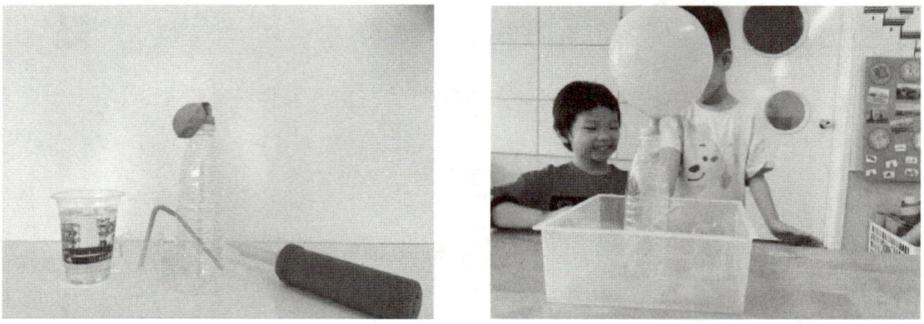

游戏二　幼儿将气球套在瓶口上，发现瓶中的水会从吸管流出

第四节　科学区材料投放案例

1. 天平（小班）

◉ 案例描述

新辅助材料（多米诺骨牌）投入的第三天，凡凡将一块石头放在天平的一端，随即空的托盘上升了。接着凡凡在空托盘中一块块地叠放多米诺骨牌。当骨牌数量加至7块时，天平的倾斜发生了改变。凡凡屈身歪头观察着天平，辰辰问："你看什么？"凡凡说："我在看下面，它起来了。"

凡凡一边将天平上的石头和骨牌拿下来，一边说："我们一起玩。"

辰辰将黑石头放在天平的一端，然后和凡凡一起往高处的空托盘中加骨牌。忽然叠加的骨牌倒塌了，凡凡和辰辰异口同声地发出了一声"啊"。

凡凡说："要慢点放。"

于是，辰辰和凡凡重新开始叠放骨牌。当叠加到10块时，天平的倾斜仍未发生改变。

辰辰说："这么多还不行啊？"

凡凡说："再加点试试看。"说完，他们继续重复叠加的动作。

突然天平的倾斜发生了一些改变，他们停住了手中的动作，笑着相互看了看。随即辰辰又加了一块，凡凡也加了一块。

一旁的妍妍站在操作桌前说："怎么这么多啊！都数不清了。"

凡凡说："我能数得清！1，2，3，4，…。"随即，妍妍也跟着数了起来。

幼儿探索不同材料与骨牌之间的数量关系

◉ 案例分析

天平加砝码属于成品类的玩具，质量较好且安全。初期，幼儿拿到材料便可以直接操作起来，但由于玩法较固定，幼儿持续探究的兴趣会逐渐减弱。因此，教师应逐步投入辅助材料，助力幼儿得以持续探究。幼儿在前期探索中对天平进行了初步的感知，发现托盘上升或下降，获取了物体"轻"与"重"的体验。随着辅助材料的不断投入，幼儿逐渐自发地将不同物体进行比重，并尝试通过多种方式使天平两端保持平衡。当新辅助材料——多米诺骨牌投放后，幼儿开始探索不同材料与骨牌之间的数量关系，并将自己数到的骨牌数通过语言、手势向同伴进行描述。此时，幼儿操作时的语言和手势都是科学意识的萌发，在与天平的互动过程中，幼儿通过观察、比较、操作、实验等方法发展初步的探究能力，不断积累力、数、量的经验。

（苏州市吴江区盛泽幼儿园　宋矫成）

2. “哑巴”玻璃瓶（小班）

◉ 案例描述

周一早上，格格带来了一些废旧玻璃瓶，

晨晨：“这是什么瓶子呀？我以前没有见过？”

茜茜：“是啤酒瓶。”

子俊：“我知道！这是玻璃瓶。”

清清：“玻璃瓶？它们会发出声音吗？”

分析：经过了上学期对于瓶瓶罐罐声音的探究，孩子们对声音仍旧充满了兴趣，看到什么都想去拍一拍、敲一敲，探索是否会发出声音，会发出什么声音。这些特殊的玻璃瓶，再次激发了孩子们对声音的兴趣。于是在捕捉到他们的兴趣点后，教师进行适时的引导，提出以下三个鼓励幼儿探究的问题：1. 玻璃瓶到底能不能发出声音呢？2. 它发出来的声音是什么样的呢？3. 是好听的？还是吵吵的？

涛涛一只手拿起瓶子，另一只手拍了拍瓶子，没有发出声音。于是他再用力拍了一下！但仍没有声音。涛涛挠挠头，指了指生活区的奶粉罐说：“我拍那个罐子有声音的呀！怎么回事？”

“我来我来！”熙熙说道。接着他把玻璃瓶横过来，放在教室的地板上来回地滚动，一旁的皓宇拿来了放大镜。

“咦，还是没有声音啊！我放到那边试一试！”熙熙又跑到泡沫地垫上使劲滚动着瓶子，依旧没有声音。

皓宇和跃跃拿起玻璃瓶用力捏了捏，还是没有声音。

忽然，姝妤说：“我们还没有敲过！”

于是孩子们找到了各种可以用来敲打的材料，有的找到了塑料吸管、有的拿来了一次性筷子、有的拿来了勺子、有的把资源库里的小树枝拿了出来，开始敲打瓶子。

“叮叮叮、叮叮叮、叮叮叮……”玻璃瓶发出声音了。

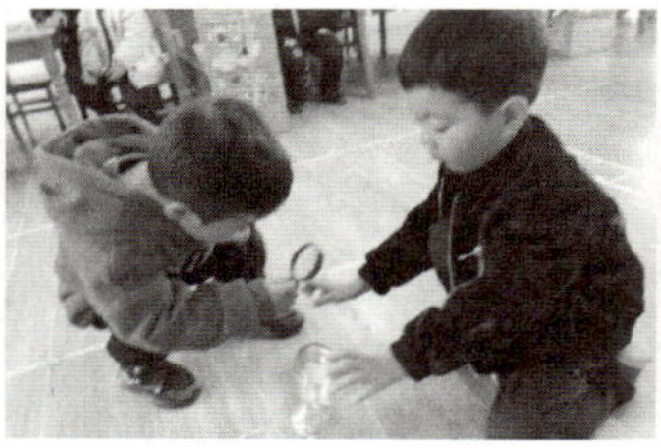

幼儿使用多种辅助材料与工具敲打瓶子发声，并用贴纸记录结果

◉ 案例分析

拍一拍、滚一滚、捏一捏，这些孩子们熟悉的“发声”方式，在玻璃瓶面前似乎都没有什么用。幼儿的科学学习是在探究具体事物和解决实际问题中，尝试发现事物间的异同和联系的过程。因此，教师抓住幼儿对玻璃瓶材料的兴趣，引导幼儿积极探索“怎么样才能使玻璃瓶发出声音”。幼儿通过实践得出：用较硬的物体敲打玻璃瓶能使玻璃瓶发出声音。《指南》中指出，小班幼儿对感兴趣的事物能仔细观察，发现其明显特征，教师要为幼儿提供一些有趣的探究材料。因此，在这个案例中，教师应鼓励和支持幼儿寻找可使玻璃瓶发声的工具与材料，以及不同的发声方式，支持幼儿自主探索。

（苏州市吴江区盛泽幼儿园　张静）

3. 有趣的陀螺（中班）

◉ 案例描述一

最近，班级里掀起了一股玩陀螺的热潮，渐渐的，教室的陀螺越来越多了……

静静：“老师，我们带来的陀螺太多了，筐子马上要放不下了。”

月月：“是啊，太多了，感觉乱七八糟的。”

睿睿：“我想玩这个，怎么找不到陀螺的发射器了。”

静静：“睿睿瞎翻，把我陀螺的绳子弄断了。”

月月：“我也要玩这个拉线的！”

◉ 案例分析

由于科学区内陀螺数量较多，种类不一，以至于幼儿在玩陀螺时出现乱翻、破坏、争抢或者找不到的情况。基于这种现象，师幼商讨后决定将陀螺按照不同的特性进行分类，分别有木质手转式陀螺、拉线陀螺、按钮式陀螺、手指陀螺（少量）、小颗粒陀螺（少量）。

◉ 案例描述二

孩子们看到了同款陀螺，开始精心挑选了起来，准备玩陀螺比赛。

子航：“我选了条纹陀螺，它转起来图案像龙卷风一样，特别神奇。”

喜喜：“我选了黄色小点陀螺，它有一个尖尖的点，转得会很快，肯定能赢。”

亮亮：“我喜欢蓝色的，我只要用力一点，转的时候低一点，也会转得很快。”

幼儿将陀螺进行分类，从中挑选进行陀螺比赛

◉ 案例分析

在一次次的探索中，幼儿找到了自己认为转得快的方法，并尝试着进行各种比赛，同时，同类型的陀螺，他们也会找到相同和不同之处，幼儿的观察能力以及探究能力得以发展。

◉ 案例描述三

接下来的一段时间，科学区新增了按钮式陀螺和拉线陀螺。新材料的投入，立即又引起了孩子们的热情。

小林：“哇！这是我最喜欢的拉线陀螺，今天我要用这个来跟你们比赛。”

非非：“我要选这个按钮式陀螺，它转起来会发光，非常好看，这是我带来的。”

欣欣：“我今天还选木制陀螺，我上次用这个赢过了所有陀螺，转得可快了。”

孩子们发现陀螺性能不一样后，找到了各种陀螺的玩法，他们会选择自己觉得厉害的一种和同伴进行比赛。同时也掌握了玩各种陀螺的技巧，比赛的场面就更为激烈了。

陀螺比赛持续了五天左右，孩子们的兴趣逐渐减弱了。有一天，小月来问我：“老师，还有别的陀螺吗？我们想玩新的。”

“我知道，上次我还带来一种手指陀螺。”小亮说。

林林：“还有一种特别小的，玩起来可难了。我都转不起来。”

子航：“我会转起来的，那种小的要捏少一些。”

听完了孩子们的商讨，材料区又新增了“小颗粒陀螺”和“手指陀螺”。两种有难度的新陀螺的加入，孩子们的兴趣立马又被吸引了起来。

幼儿正在探索小颗粒陀螺和手指陀螺的玩法，并与原有陀螺进行对比

◉ 案例分析

在把陀螺分类后逐步投放的过程中，孩子们玩陀螺游戏也更有深度了。同时，新材料的加入也提高了孩子的观察能力和分类能力，孩子们会根据陀螺种类或者玩法的不同进行分类。在游戏中，孩子们会使用一些如“相同”和“不同”这样的词语去匹配和比较陀螺的特征，可见其观察更加细致了。材料的投放要切合幼儿的兴趣点，并不是指向活动的开始阶段，而是要保证材料能在不同阶段都能激发幼儿的兴趣，引导幼儿不断在活动中去主动探索和发现。教师要及时发现幼儿的兴趣是否减弱或转移，关注幼儿在发展过程中的内在需要，把握好材料的投放时机，适时调整材料的投放节奏，保证材料投放的适宜性。本案例中，当这些现成的陀螺满足不了幼儿的探索欲望时，可以考虑让孩子们自制陀螺，把活动推向另一个高潮。

幼儿园科学区的材料投放是复杂的，教师可以尝试多种手段去投放材料，努力做到了解和把握幼儿应该获得的关键经验，并物化在有价值的适宜材料中，保证材料投放的有效性。在此基础上，教师还应注意采用适当的策略和方法，支持和引导幼儿的大胆尝试和积极主动的探究。

（苏州市吴江区盛泽幼儿园　钱凤梅）

4. 静电（中班）

◉ 案例描述

孩子们在科学区玩耍时，清怡不小心将一盒装满泡沫的盒子打翻了，大家赶快帮她一起捡起来装进盒子里。“呀，泡沫怎么都粘在我手上啦！老师快来帮我一下吧！”清怡着急地叫起来。老师走近一看，地上、桌上、孩子们的衣服上，都粘满了泡沫。“老师，我身上也粘满了泡沫，像下雪了一样。”大家你看看我、我看看你，都觉得很奇怪，七嘴八舌的议论起来：“哈哈，看我们是不是都有魔法呀？”原来孩子们在不经意间居然发现了静电现象。老师假装疑惑地自言自语道：“唉，这到底是怎么回事啊？怎么都吸住了呢？”

一向素有“科学小博士”之称的皓皓解释说：“这是摩擦起电的现象，我在科学书上看到过。”听他这么说，老师没有立刻补充摩擦起电的原理，而是追问：“那哪些物体经过摩擦会产生静电呢？”

皓皓来到辅助材料区，找到了一个气球，使劲地在毛衣上摩擦，气球立刻吸在了皓皓的衣服上；皓皓将摩擦过的气球靠近女孩子的长头发，长头发瞬间“跳起舞来了”。皓皓的演示让孩子们直接感知到了物体摩擦后产生静电的现象，大家纷纷效仿起来。

幼儿和教师共同探究静电现象的奥秘

“哪些材料摩擦能产生静电，静电可以吸什么样的东西呢?”这时老师在辅助材料区找来碎纸屑、橡胶棒、塑料吸管、木棒，金属棒、丝绸布、气球，纸娃娃、回形针、石子、沙土、塑料梳子、塑料尺子、泡沫粒、羽绒、毛发等物品。“你们可以自己去试一试，看看哪些东西，怎么做才能让纸娃娃跳起舞！别忘了将结果记录下来，验证看看你猜得对不对。”老师在轻松的氛围中鼓励孩子们大胆尝试，感知物体摩擦后产生的静电现象，验证自己的猜想，开启孩子们的静电探究之路。

◉ 案例分析

幼儿园的科学教育应关注活动过程中幼儿真实的探究过程，重视幼儿探究的状态及真实体验。本案例中，教师鼓励幼儿大胆运用各种办法来使材料“拥有魔法”，鼓励支持幼儿的自主探究。当幼儿的探索遭遇失败想要放弃时，教师请成功的孩子进行展示，并和大家一起梳理失败的原因，且适时地利用“同伴学习”或“你可以这样试试”等方法和话语积极引导幼儿的操作。在游戏分享环节，教师应鼓励幼儿分享交流探索的结果，梳理塑料物品的静电现象。教师可以请探索出不同结果的幼儿都来表达自己探索的过程和结果，让幼儿在分享交流的过程中再建构自己的感知经验。“你让纸娃娃跳起舞来了吗？你用了什么材料？你是怎么做的？能来分享一下吗？”经过孩子们的分享，原来塑料尺子、气球、吸管这样的塑料物品在摩擦后就能产生静电。

幼儿教育的内容应从身边取材，引导幼儿对身边常见事物和现象的特点、变化规律产生兴趣和探究的欲望。在活动中，教师用自己敏锐的目光捕捉到了幼儿在游戏中的需求和困惑，积极利用投放的辅助材料与问题引导，把幼儿的探索兴趣一点点地激发出来，让幼儿在自主探索的操作中验证静电的产生及现象，感知和体验科学探究的乐趣。引导幼儿经历探究到发现的全过程，真正做到玩中做、玩中学。

（苏州市吴江区盛泽幼儿园　朱玉红）

5. 扇风机（大班）

◉ 案例描述一

科学区投入这个自制材料“扇风机”已经有一段时间了，幼儿根据实验操作步骤图进行游戏，虽然一开始飞出的一两片纸屑刺激着幼儿的兴趣，但是后期游戏情况并不是很理想，纸屑并没有像想象中那样纷飞，幼儿对于游戏结果也并不是很满意，兴趣也就逐渐降低了。这时，教师及时引导幼儿进行思考：“纸屑为什么飞不出来?”。雨桐认为：“可能是纸屑太少。”带着这个想法，幼儿开始通过实验进行验证。

在投入大量的纸屑之后，纸屑一开始也是飞出来几片，但是到后面还是飞不出来了，不论使用多大的力气扇风都没用。教师引导幼儿自己去预测结果，并鼓励幼儿自己描述实验的材料和结果，并分析还会有什么其他原因，影响着“纸屑”飞出来。嘉俪提出的预测是：“纸屑可能还是不够轻。”于是，教师鼓励幼儿去寻找比餐巾纸更轻的材料，为下次试验做准备。

在上次实验效果还是不理想的情况后，嘉俪和雨桐得出的预测是：“纸屑还是不够轻，需要更轻的材料。”于是，两人利用周末，找到了比纸更轻的材料——羽毛、塑料袋屑。周一早上，她们带着找来的材料，兴致勃勃地来到科学区验证她们的猜测了。雨桐先倒入羽毛，然后两个人开始扇风，彩色的羽毛像有生命一般从烟囱口飞了出来。看着飞出来的羽毛，两个人扇得更起劲了，甚至重新收集起地上的羽毛，又玩了一遍，每一次的结果都验证他们的预测是正确的。于是，两人又将塑料袋屑倒进去，结果也是同样的成功，两个人都很开心。

◉ 案例分析

幼儿在头脑中同时表征事物“之前”和“之后”状态的能力有助于他们在前因和该前因的后果之间建立桥梁。对于之前的失败，两个人利用自己逐渐丰富的经验储备，提出了新的预测“更轻的东西，能被风扇起来”，并搜寻了实验材料。他们通过实验来看看自己的预测是否正确，结果成功了。

◉ 案例描述二

“你们愿意分享一下是怎么做到的吗？”教师问道。

嘉俪说：“之前的纸和布都太重了，扇不起来”。

雨桐说：“我们在家里找到了更轻的东西，羽毛和塑料袋屑”。

所以，得出的结论是“更轻的东西”。在祝贺他们成功的同时，教师问：“那布片和纸屑真的没办法飞出来了吗？”

随即两个人对视了一眼，摇摇头。教师继续问道：“你看看外面的树，它的枝条肯定比纸片、布片重吧，为什么它能被风吹动呢？”

雨桐急忙说道：“因为风比较大。”

教师点头：“是的，那该怎样让布片、纸片飞出来呢？”

嘉俪道：“风要扇得更大，但是我们已经扇到最大了，扇不动了。”于是教师鼓励他们利用端午假期，回去找找哪些东西吹出的风更大。

幼儿把纸片、碎屑倒入扇风机

幼儿手持吹风机对准扇风机口，实验材料纷纷从出口飞出，验证风力的强弱对实验的影响

经过三天的端午假期，两人表示自己找到了能吹出更大风的东西——吹风机。孩子们去保健室里借到了一个吹风机，开始进行实验。操作过程中，两人先将布片倒进了扇风机，然后打开吹风机对着洞口吹，布片被吹了出来，他们再分别用餐巾纸、羽毛和纸屑等材料进行实验，均成功飞了起来。

◉ 案例分析

在活动中，我们发现幼儿对于自制材料会有一种“亲切感”，来源于日常生活中的材料，可以很好地拉进科学实验与幼儿之间的距离，为科学探究的启蒙构建第一个台阶。幼儿对因果关系的观察是偶然发生的，比如“吹风机能吹风，能吹干头发”。后面就成为有意识和有意图的行为，比较吹风机的风和扇子扇出来风的大小，感知到吹风机的风更大。实验中布片和纸片都被吹了出来，也验证了实验的预测是正确的。在后续的案例中，随着探究的深入，幼儿对于自制材料扇风机又提出了新的问题：是否能改变扇风机的形态，比如，再增加一个出风口，或者多个；出风口的位置是否能改变；出风口的高度能否调节……在不断生发的新问题中，幼儿的真学习也在持续发生。

（苏州市吴江区盛泽幼儿园　杨静霞）

第六章 观察为基 有效互动

——科学区活动实施与指导

项目简介

在幼儿园的区域活动中，科学区是幼儿获取科学知识的重要场所，其中，多样性的材料和多元的环境提供是幼儿科学探究的基础，而教师的指导则是幼儿科学素养和科学能力培养的关键。本章重点围绕科学区活动实施与指导概述、活动实施与指导的策略及活动实施与指导案例三个方面展开阐述。

思维导图

- 科学区活动实施与指导
  - 科学区活动实施与指导概述
    - 原则
    - 要求
    - 流程安排与时间规划
  - 科学区活动实施与指导的策略
    - 活动各环节的策略
    - 各年龄段幼儿活动的策略
  - 科学区活动实施与指导案例

第一节　科学区活动实施与指导概述

幼儿园科学区活动是跟随课程实施目标有目的、有计划、有组织开展的，是能够满足幼儿多种需求的延伸性学习性活动，通常以小组为单位展开。在活动实施的过程中，作为活动主体的幼儿应有一定的自主空间，幼儿的主动探究与教师的有效指导是相互依存的。教师的介入和指导，可以发展、支持、延伸幼儿的活动，助力幼儿获得更丰富的有益经验。为了更好地促进幼儿的发展，充分发挥教师的积极作用，优化幼儿的科学探索过程，在幼儿园科学区活动实施与指导中，我们应该遵循相关原则。

一、科学区活动实施与指导的原则

1. 主体原则

主体原则是指尊重科学区活动的主体，凸显幼儿的主体地位，在关注幼儿的需要中发挥幼儿的主动性，尽可能地给予幼儿动手操作、探究思考的时间与空间，让幼儿真正成为活动的主人。在科学区活动中，教师要主动与幼儿建立平等的关系，不仅要了解幼儿，更要走近幼儿，尊重幼儿的自由选择和自主权利，不盲目干预和介入，静下心来耐心观察、聆听幼儿内心的想法，以多种形式给予幼儿情感支持和精神鼓励，激发幼儿的潜能，帮助幼儿自主探索新知识，积累新经验。

例如，小班可以创设自由、愉悦的科学氛围，让幼儿有意愿参与到科学探究的游戏中；中班需要关注幼儿的内在需求，尊重幼儿的科学认知方式；大班要放手让幼儿采用多种方式大胆尝试，积极地探索与验证，提升独立解决问题的能力。

2. 开放原则

开放原则是指欣赏、接纳幼儿在科学区活动中的想法和做法，支持幼儿的探索，肯定幼儿的发现，顺应幼儿的活动节奏，不把成人主观的想法强加给幼儿，根据幼儿的状态灵活地调整预期与计划。因此，在科学区活动探索过程中，教师应该紧密跟随幼儿的节奏与步伐，用开放的视角洞察幼儿在活动中的不同需求，从专业的角度分析与解读幼儿活动中表现出来的行为和状态，给予适当的支持与指导。教师应成为幼儿科学探究的引路人，促进幼儿在探索、思考中实现自我调节，产生真正的投入和深度学习。

例如，在科学区活动情景创设方面，对于小班幼儿，应创设与幼儿生活息息相关的游戏情景、增加游戏材料，这能让幼儿更容易找到归属感，让幼儿乐于在游戏中探索；对于中班幼儿，应创设问题情境，引发幼儿对实验操作活动的兴趣；对大班幼儿，应创设教育情境，使幼儿感到实验操作对自己有意义，注重投放能引发幼儿主动探索、自主游戏的可操作性材料，让幼儿发现客观事物的变化以及因果联系。

3. 支架原则

支架原则是指把握幼儿的发展规律，关注幼儿科学区活动的探究过程，了解幼儿阶段发展需求，通过整体目标规划、阶段目标实施，为幼儿持续进行科学探索、获得科学有益经验提供有力支撑。科学区活动是幼儿园科学领域课程体系的重要组成部分，科学知识的发展是一个动态的过程，科学区活动的实施不能拘泥于限定的计划，教师应该在尊重幼儿是活动主体的基础上，结合课程实施目标、幼儿年龄特点及实际需求等多方面因素，调整和优化阶段区域目标计划，使得科学区活动沿着主线目标有效进行。

例如，根据活动主题、特色，小班幼儿应定期、循序渐进地投放科学探索材料包，材料的提供尽可能物化科学探索的目标，且能引发幼儿探索兴趣；中大班幼儿，建议留有更多的空间，围绕“光影区”“沙水区”“电磁区”等主题进行推进，活动辅助材料可以根据探索需要进行自由选择、探索、记录，让活动与材料之间构成一定的关系，引发不同方向、不同性质且有意义的科学探索活动。

4. 个别差异原则

个别差异原则是指幼儿在发展过程中，由于遗传、环境等因素影响，其科学兴趣、知识经验、探究能力及探究的主动性都会存在差异，教师要尊重不同个体间的差异，关注幼儿的实际经验与发展水平，做到因材施教。在科学区活动的实施与指导中，教师要尽可能地观察、解读每一位幼儿，了解、评估科学区活动的实施情况及不同幼儿发展水平上的差异，发现幼儿的不同探究兴趣与内在需求，提供适宜的指导策略，提升幼儿的内在学习动力，激发幼儿最近发展区的潜能。

例如，在“颜色大 PK”科学游戏中，小班幼儿在认识颜色的基础上感知两种颜色混合后的变化，从而激发兴趣；中班幼儿的重点是探索颜色与其他物质结合后的变化，如色彩溶解的实验等，在活动中促进幼儿思维能力的发展；而大班幼儿的重点是颜色的融合，探究不同比例的原色混合后的变化以及植物色素的提取，教师在指导时可以提供色卡，让幼儿通过实验来观察颜色的对比情况，发现两种颜色混合的比例并记录下来。

二、科学区活动实施与指导的要求

1. 专业支撑，明晰幼儿的发展路径

教师的专业素养是科学区活动实施与指导质量的保证。教师要用科学的理论来充实自己，把握科学内涵，理解科学本质，才能在科学区活动的实施和指导中提供适宜的支架，用科学的理念来支撑教育行为。另外，教师心中要有明确目标。教师不仅要了解幼儿的兴趣、需求和经验，更要明晰各年龄段幼儿的发展目标，清楚幼儿的思维发展水平，并根据活动实施中的现状制定发展小目标，通过关键经验的梳理、串联，确定阶段的关注方向与重点，避免原有经验的简单重复，助力幼儿经验的建构、迁移及对探索现象的深层理解。

2. 尊重幼儿，激活幼儿的探究思维

好奇心是推动幼儿学习的原动力，当幼儿对科学现象感兴趣时，就会主动地去探索、研究。在科学区活动实施与指导中，教师要尊重幼儿的主动性，抓住幼儿的探究兴趣，鼓励和支持那些细致观察、执着探究的幼儿，对于幼儿探究过程中的疑问，要给予他们充分的时间和空间去思考和操作。同时，要尊重和接纳幼儿对事物的思考与理解，那些“天马行空”的念头可能正是一种科学潜能的体现，教师要尽可能地创造机会，让幼儿用行动去尝试、去突破，用已有的认识与经验主动建构新经验，从而塑造幼儿的科学探究精神。

例如，小班开展“小小的我”主题活动时，孩子们对自己的小手非常感兴趣，她们在观察自己的小手时总是会发现不一样的东西，一会儿和老师说：“我的小手上有十根长长短短的手指头。”一会儿和同伴说：“我的小手上发现一颗黑黑的痣。”还有的孩子会说：“我的小手天冷了都裂开了，好痛。”针对孩子们对手浓浓的探究兴趣，我们可以开展有关小手的探索课程，以激发孩子深入探究。

3. 理性思辨，把握适宜的介入时机

教师观察、解读、分析幼儿的行为是建构儿童观的过程，在追随幼儿科学兴趣和探索迹象时，要关注幼儿的行为表现，不能因偏离预设目标而随意打乱幼儿的活动。在科学区活动中，教师要善于发现幼儿感兴趣的事物，静心观察幼儿的探究活动，细心捕捉幼儿的探索信号，以“扶放结合”的方式自然介入。另外，教师要多倾听幼儿的心声，当幼儿遇到困难或问题时，以鼓励性、启发性、挑战性、暗示性的语言给予适度指导，最大限度地支持幼儿自己去释疑解惑，激发幼儿持续探究的热情，促发其积极思考、乐于探究等良好品质的形成。

例如，中班开展“玩纸花开了”主题活动时，幼儿最喜欢的就是看纸花开放的那一刻，但有的小朋友喜欢用手戳纸花以加速纸花的绽放，甚至会把纸花戳到沉下

去。那为什么纸花戳了之后会沉下来呢？所有纸都这样吗？别的东西也会沉下去吗？对于这些问题，教师可以适时地鼓励幼儿进行大胆猜测，并用其他种类的纸和其他材质的材料来进行实验，以验证他们的猜测是否正确。

4. 精准评价，助力经验的持续生长

精准评价是科学区活动指导的重要环节，也是提升活动实施质量的关键。幼儿是不断成长的个体，在自身的成长轨迹上其经验也循序渐进地发展，其发展过程体现了阶段性和连续性。在科学区活动实施与指导中，教师应关注每个发展过程和阶段，关注每个幼儿的发展速度、特点和倾向，引导幼儿在交流分享中说发现、提问题，并围绕问题进行经验交流并持续跟进，帮助幼儿建立起信心，通过动态连续的分析、评价，让幼儿关注的每一个问题成为科学探究的焦点，每一次突破成为创新探究的起点，真正助推幼儿的可持续发展。

例如，在大班科学区活动分享中，教师可以侧重评价幼儿在活动过程中的情感、态度，请幼儿说说操作过程中遇到哪些困难，再通过小组互评的形式介绍他们解决问题的方法；也可以把幼儿科学区活动中的闪光点以问题形式提出来供大家讨论，针对结果让幼儿用验证方式进行总结、分享；还可以让幼儿相互交流，在交流过程中帮助幼儿梳理关键经验。

三、科学区活动实施与指导的流程安排与时间规划

科学区活动是一种相对自由、自主的活动，由于各年龄段幼儿的发展与需求不同，各类活动的流程安排与时间规划也会有所差异，因此，合时、合情、合理的活动规划和安排对于发展幼儿的探究能力有着至关重要的作用。

1. 方向牵引，自主选择

为了让幼儿更清楚活动的方向，首先，在科学区活动开始前应组织 5—10 分钟左右的交流，通过介绍投放的新材料、回忆前期活动过程中的问题与困难、提供操作情境等多种方式，激发幼儿参与活动的兴趣，启发幼儿进一步的思考与观察。其次，对于有一定探究能力的中大班幼儿，要指导他们先期制订活动计划，可以是在当天活动前，也可以是在前一次活动后，幼儿间通过互相协商，明确本次活动中需要什么、要做什么、怎么做等问题，这样带着问题、带着思考去操作，将幼儿从盲目“摆弄”材料引导到有目的的探究活动中，让活动变成探究问题和解决问题的过程。最后，在幼儿明确活动要求后，可以自由选取需要的材料，以个人或与同伴合作的形式，自主开展科学区活动。

2. 动手操作，观察记录

幼儿的科学学习是一个主动建构的过程，在科学区活动的探究中，教师要给予

幼儿充足的自主探索、发现问题、解决问题的时间，让幼儿充分体验科学探究的过程，在必要的时候巧妙地进行显性和隐性的指导，发挥科学区活动的效能。一般情况下，活动操作时间大约为 30 分钟，幼儿的科学思维及认知发展水平不同，以及科学态度、探究方式的差异都会影响操作时长。比如，小班幼儿对事物和现象的认识，主要通过感知在观察中获得的对事物表面特征的认识，多以情境驱使的“随机式探究”为主，探究的持续性较短，且收拾整理能力弱，需要教师通过平衡时间点来满足幼儿的需求。另外，为了更深入地进行探究，教师应鼓励幼儿用自己的方式留下探究痕迹，这不仅有助于幼儿自我建构科学知识与经验，也为教师后续的评价提供了分析的依据。

3. 收拾整理，分工合作

收拾整理材料是下一次活动顺利开展的基础和条件，也是支持幼儿养成良好习惯、提高解决问题能力、积累学习经验的重要途径。为了让沉浸在游戏中的幼儿知道大概的整理时间，这个环节一般在整理开始前 5 分钟以音乐的形式给幼儿提示，如以两首舒缓、轻快的音乐作为提示，给予幼儿充分的心理准备。同时，为了帮助幼儿准确取放、有条理地整理好各种材料，可以有效地利用环境暗示的方法指导幼儿，按照材料标识进行分类摆放，物归原处。若遇到未完成的操作时，可以指导幼儿在不影响下次操作的情况下将材料收拾到指定的“未完成”区域，也可以用拍照或者绘画形式记录下活动的痕迹，以待下次继续探索。

4. 分享交流，梳理提升

活动后的分享交流是科学区活动的重要环节，它是幼儿经验交流、情感体验、自我表达的重要时刻，可以更好地帮助幼儿梳理经验，维护幼儿持续探究的热情，一般时长控制在 10—15 分钟。在这个过程中，教师应以幼儿为主体，在幼儿分享经验、发现困难、提出质疑时，教师要善于发现幼儿感兴趣的事物与突发事件中所隐含的教育价值，善于捕捉有利于发展幼儿能力的契机，进一步帮助幼儿迁移经验、提升经验，激发幼儿再次探索的欲望。

第二节 科学区活动实施与指导的策略

一、科学区活动各环节实施与指导的策略

科学区活动是实现幼儿自主探究、小组学习、个别化学习的途径之一，为了让幼儿园科学区活动有效实施，教师适时、适宜的指导尤为重要。下面我们分别从活动前、活动中、活动后三个环节，具体阐述科学区活动实施与指导的一般性策略。

（一）活动前的策略

1. 激发兴趣，操作验证猜测

活动实施前，教师可引导幼儿一起说说生活中自己感兴趣的事物和现象，根据幼儿的表述一起了解、猜测这些事物或现象产生的原因，在幼儿对这些事物或现象产生浓厚的兴趣后，由幼儿自主挑选所需材料，验证自己的猜测。

对于小班幼儿，更多地鼓励他们通过观察周围自然现象的特点，获取简单的科学经验；对于中班幼儿，要求他们运用多种感官感知事物特征；对于大班幼儿，则更多地要求他们通过探索周围生活中常见的物理现象，关注科技产品，获取相关的科学经验。

2. 计划交流，探索未知可能

对于新的活动材料，教师可在活动前提供交流探讨的时间，并回忆前期遇到的问题和发现的新方向，鼓励幼儿进一步探索尝试。

例如，对于小班幼儿可通过照片、视频等直观性的媒介来帮助他们进行回顾，总结新的研究方向；对于中班幼儿，可通过游戏中的记录表，思考和总结上次遇到的困难，为进一步探索奠定基础；对于大班幼儿，除以上方式外，还可通过师幼、幼幼间的讨论互动，自行制订游戏计划，选择相应的科学游戏材料。而对于较为专业的科学操作材料，教师应适当地进行操作讲解，如天平、烧杯、滴管等常见的专业化工具。讲解要注重严谨性。

3. 创设情境，激发探究兴趣

科学区应该是一个安静，但相对封闭、集中的环境，最好有自然光线。学前儿童具象思维逐渐发展，从单纯地被新事物吸引，发展到更加注重活动中材料、情景的好玩和有趣。除了提供新材料，为幼儿创造有趣的情境外，更能吸引幼儿关注，激发幼儿探索欲望。

对于小班幼儿，以色彩鲜艳的环境和器具为媒介，结合动物、城堡等因素的情境更能吸引他们的驻留。对于中大班幼儿，创设帮助他人、寻找解密的情境，更能让他们设身处地地去思考，“我们还能怎么玩、怎么记录”，并结合规律寻找答案。

（二）活动中的策略

1. 有效提问，提升探索深度

在幼儿遇到困难停滞不前或是无所事事、疑惑犹豫时，教师要把握时机适时介入。介入可以是参与到活动中以行动带领，也可以是语言上的有效提问。提问时，既要站在幼儿角度，从最近发展区出发，根据已有经验找到新的探究点；也可巧用提问技巧，提出一些发散性问题与聚合性问题，帮助幼儿理清思路，引导幼儿深入探究。同时还需鼓励幼儿敢于提问，从设置疑问开始，到解决疑问结束，通过递进式的提问思考，稳步提升幼儿的探索深度，调动幼儿的学习热情，让幼儿从被动接受问题变成主动探索问题。

小班幼儿的思维大多依赖于其自身的行动和一定的情境，我们可以借助情境提问，为幼儿指引思路，提供学习线索；对于中班幼儿，可以借助适时有效的反问，让幼儿产生心理和认知上的矛盾冲突，从幼儿容易忽略的内容上提出问题，引起幼儿的注意，促使幼儿探究活动的不断深入；对于大班幼儿，可以借助提问关键性问题，引导幼儿观察、思考，调动幼儿质疑和解疑的积极性。

2. 支持引导，鼓励自主探索

教师要充分给予幼儿和材料互动的机会，对幼儿初步的实验结果要给予肯定和鼓励，让幼儿能直观了解到自己的探索行为产生的结果，这既有利于幼儿的持续性探究，也能培养幼儿的独立思考、自主探究的科学品质。教师要随时注意幼儿的动向，扮演好引导者和观察者的角色。

小班幼儿教师需要注重区域活动的趣味性，幼儿在操作有趣的材料的过程中，能感受到材料的动感变化，能保持探究的持久性；中班幼儿教师需要注重区域活动的目的性，在设计相关的活动时，提前考虑好希望通过活动传递给幼儿什么，保证活动的科学性和合理性；大班幼儿教师需要注重区域活动的计划性和层次性，大班幼儿动手能力强、思维活跃，在给他们提供架构材料时，要注意材料的多样性和精密性，以满足他们探究和自主发展的需求。

3. 强调个性，促进分享交流

当活动任务确定时，教师应鼓励幼儿主动提出假设，引导幼儿共同讨论、交流，听取别人的建议并完善自己的计划。同时，教师要注意活动过程中幼儿与同伴之间的分享交流，提供时间和空间，让幼儿相互观察、相互分享，从幼儿的角度提出自己的疑问和建议。同时也要让幼儿养成用自己的方式将科学探索的过程和结果进行记录的习惯。

小班幼儿动手能力较弱，幼儿记录表设计应尽量操作方便、形象生动、直观具体，有时可以使用实物作为记录材料进行记录。对于中班幼儿，我们应鼓励他们大胆地用简单图画来记录自己所观察和探究的事物，让孩子在感知和了解的基础上，初步理解为什么记录、怎么记录，引导幼儿尝试用简单的符号记录。大班幼儿对符号有一定认知，我们可以提供给孩子简单的符号进行简单的记录，或激发幼儿用自己独特的符号去自主记录，还可以提供不同的工具、材料来拓展孩子的记录方式，如采用各类粘贴、照片及实物呈现、绘画、符号等方式，并配上简单的文字及表格。我们要根据科学活动的内容提供不同材料，让孩子选择适宜的方式进行记录，不断丰富孩子的记录行为。

4. 尊重差异，提供适宜指导

针对不同水平的幼儿，教师要承认能力差异，采用不同的指导方式。例如，投放磁铁时，对于能力较强的幼儿，我们更多地要鼓励其自主探索，以引导的形式帮助其开拓思维，在理解磁性原理的基础上，自制磁铁玩具。而对能力较弱的幼儿，更多地要兼顾幼儿的兴趣与信心，重点指导幼儿了解磁铁的基本特性，帮助幼儿积累经验。

（三）活动后的策略

1. 情景再现，多样开展评价

活动后的分享可采用多样化的讲评形式，可以是现场观摩式的情景讲解，此类评价是幼儿复述游戏过程，旁观者参与提问；也可以是结合幼儿表征进行游戏后的评价，这有助于幼儿回忆和表达，结果呈现也更有依据。此外，师幼互评、幼幼互评等形式也是活动分享的一个重要手段。活动后的分享评价环节要有指向性，可以是指向幼儿游戏的心理体验，鼓励幼儿表述自己在游戏中的各种心路历程，引发幼儿思维共振；也可以是指向幼儿的自我认知，鼓励幼儿表达、对游戏的自我感受，从而帮助幼儿正确地认识和完善自我。

小班幼儿语言表达能力有限，老师可以通过对话提示幼儿回顾线索，例如，“老师记得你之前的游戏计划是……”。中班幼儿的想象力和表达能力有了提高，可以通过提问与描述帮助孩子回顾，例如，“你搭的动物园先搭哪一部分，再搭哪一部分呢？”大班幼儿语言和绘画能力比较强，在分享中，老师可以通过“你们今天搭了什么？用到了哪些材料？如何分工搭建”等开放性问题开启对话。

2. 聚焦问题，推动持续研究

活动前后的评价环节中，教师通过帮助梳理，引导幼儿对本次活动流程、遇到的问题、可能存在的解决办法等从多方面展开思考与评价，产生思维的碰撞和情感的共鸣。同时指导幼儿继续思考后续步骤的可行性，鼓励他们持续跟进，培养幼儿发现问题、分析问题、解决问题的探究能力。

小班幼儿以具体形象思维为主，游戏分享时，应当聚焦分享内容，重点在“说”和“助”上。教师在提问幼儿活动中的兴奋点时，可以从具体的场景与问题入手；在分享疑惑点时，教师应从观察到的游戏情况着手。对于中大班幼儿，可以采用活动计划和记录的方式将活动评价融入其中，节约分享时间，提高分享效率。

3. 对话总结，获得经验提升

幼儿对活动的分享、评价，后期对关键经验进行总结与梳理，都是幼儿一步步获得新经验的过程，能为下一次科学活动奠定基础。教师应充分调动幼儿原有的知识经验，鼓励幼儿在下一次活动前大胆猜测可能出现的结果，并用实际行动去验证猜测，以此激发幼儿的探究热情与好奇。例如，小班幼儿的表征能力还不足，教师可以帮助幼儿将猜想的结果用拍照或绘画的方式记录下来；中班幼儿的表达能力与表征能力都有了一定的提高，可以简单地记录自己的猜想；大班幼儿各方面的能力都有了很大的提升，可以根据自己的猜想制订下次游戏的计划，并按照计划进行探索。

二、各年龄段幼儿科学区活动实施与指导的策略

学前儿童的能力发展具有一定的阶段性特征，教师要多关注现阶段幼儿的整体发展情况，以有效指导为前提，采用适宜的策略鼓励幼儿积极参与科学活动。下面我们分别从小班、中班、大班三个年龄段进行阐述。

（一）小班科学区活动的策略

小班幼儿的思维停留在表象，他们的科学探究活动是以随机探索为主要特征的，是无目的地尝试错误的操作过程。针对小班幼儿，教师应鼓励幼儿多观察、多提问，同时欣赏、接纳幼儿的发现。

1. 创设开放式环境，鼓励幼儿自由探索

小班幼儿的思维大多由直觉行动引起，有目的选择活动的意识不强，容易被眼前的事物所吸引，更喜欢场景化的操作环境。因此，教师应为幼儿创设一个较为开放的环境，鼓励幼儿自由摆弄和探索，尽量不去干扰幼儿的活动。同时，教师也要尽可能地让幼儿在探索活动中获得成功，体验喜悦和自信，从而不断激励幼儿产生继续探索的欲望。

2. 打破游戏壁垒，促进幼儿游戏中的交往

小班幼儿的自我中心思想比较突出，一般都是单独游戏，合作游戏并不多见。加之科学区游戏的独特性，同一种类的游戏可容纳的幼儿人数相对其他区域来说要偏少，幼儿无法自然而然地开展合作、交往等行为。考虑到这一特点，在科学区活

动中，教师可多提供同类型的平行材料，并及时更新，在吸引幼儿的同时，也便于幼儿的日常游戏。

3. 在操作过程中注重对幼儿的启发引导

教师要善于抓住小班幼儿的心理活动，发现他们的学习兴趣，了解幼儿已有的学习经验。在启发引导中，教师提出的问题不要过于笼统和随意，问题难度要与幼儿的发展水平相适宜，做到有针对性的启发，让每个幼儿都有回答的机会，能获得成功感。当幼儿在探索时，教师不要急于揭示结果，避免使用“灌输式”的教学方式，尽量正面提问，让幼儿大胆猜想，让其充满信心和热情投入到新的探索活动中。

（二）中班科学区活动的策略

中班幼儿对直观可见的现象，已能做出一定程度的解释和概括，但还无法针对已有经验进行合乎逻辑的推断和猜测。因此教师要重视幼儿参与探究活动的过程性操作，可采用交叉式指导的方式与幼儿一起参与探究过程，引导幼儿感受事物之间的联系。

1. 注重幼儿自主能力及探究能力的培养

低结构的材料，有助于促进中班幼儿的发散性思维，生成多样的活动内容；丰富的环境内容，有助于开发幼儿的探索潜能，而探索欲产生的关键是实践操作。因此，教师为了提升幼儿对未知事物的探索技能，应最大限度地为幼儿创造尝试条件，愿意提供探索机会，应在恰当时机启发幼儿，并把握好启发引导的尺度，让幼儿继续深入探究、尝试解决问题。

2. 启发幼儿探索性思维，激发幼儿潜能

教师要充分了解幼儿的探究情况，并根据幼儿的活动行为，开拓幼儿的探索思维，及时协助幼儿梳理思路，引导幼儿积极思考。同时教师还应鼓励幼儿大胆提问、勇敢表达，尝试解释或概括自己在探究活动中的想法，并加强幼儿间或师幼间的讨论交流，从而强化幼儿的科学探究意识。

3. 尝试开展自主记录，留下活动痕迹

中班幼儿的思维特点以具体形象思维为主，具有了初步的观察、比较、分析的能力。《指南》中指出：中班幼儿能通过简单的调查收集信息，并能用图画或其他符号进行记录。因此，教师应鼓励幼儿记录活动中的发现、探索的过程，并在活动后用照片、实物等方式展现出来，这也有利于幼儿下一阶段的持续性探索。

（三）大班科学区活动的策略

大班幼儿的科学思维已经具有明显的问题意识，能够搜集信息，从问题出发寻找答案。因此在这一阶段，教师应更多关注幼儿解决问题、团队合作等能力的发展。

1. 结合生活实际，提高幼儿的实践能力

大班幼儿已拥有较丰富的生活经验，在游戏中能较多地调动以往生活中的经验，且具有一定的自我解决问题的能力。《纲要》中指出：科学教育应密切联系幼儿的生活，利用身边的事物与现象作为科学探索的对象。因此，教师要尽量创造条件让幼儿参加探究活动，获得实际的生活经验，让他们经历探究的过程，体验发现的乐趣，在已有的生活经验的基础上获得新的经验。

2. 以问题为导向，提升幼儿的探究能力

在活动中，教师应鼓励幼儿对可能的结果进行大胆猜想，以问题为导向，以已有的知识经验为基础，给出有效性的提问，并保证幼儿充分的思考时间和操作空间，从而引导幼儿自主探索。同时教师应注意倾听幼儿的回答，善于接纳幼儿的不同答案，敏锐地捕捉幼儿创造思维中的“闪光点”，挖掘出潜在的创新素材，进而鼓励幼儿去“异想天开”，努力提高创造力。

3. 巧用记录表，帮助幼儿有效梳理

《指南》中指出：大班幼儿能用数字、图画、图表或其他符号记录，探究中能与他人合作与交流。因此，教师应鼓励幼儿围绕同一目标进行探讨，活动中分工与合作，尝试用数字、图画、图表等方式记录活动过程。教师可以从记录表中去了解幼儿的记录内容，为幼儿梳理和提炼探索重点，帮助幼儿建立起事物间的联系，行为与结果之间的关联，并有针对性地跟踪观察幼儿的下一步探究行为，为以后的探究活动提供有效指导。

第三节 科学区活动实施与指导案例

1. 弹簧

◉ 案例描述

今天科学区的材料架上出现了一个新的材料——弹簧，这也是幼儿们第一次接触到弹簧。刚看到弹簧时幼儿们就对它产生了很大的兴趣，大家一起讨论。刚开始大家只是看着它，并没有进行尝试，还和旁边的伙伴小声讨论着它是什么。

浩浩：“欣欣，你知道这个是什么吗？”欣欣：“我也不知道！”浩浩：“我们去问问老师吧！”

大家从老师那里得到答案，它叫弹簧。幼儿们对从来没有接触过的弹簧更有兴

趣了，开始上手进行尝试。只见他们拿着弹簧的两端，开始用力拉扯，发现弹簧开始慢慢变长。

此时一不留神，浩浩小手松开来了，弹簧又缩短为原来的长度，但他没有放弃，开始进行第二次的尝试，并且比第一次更加认真和专注，在发现第二次的拉伸与松开后的结果与第一次一样后，浩浩和欣欣再次寻求了教师的帮助。

在得到教师的帮助后，幼儿开始观察它的形状，它是弯弯的、卷卷的……旁边的伙伴也一起观察，并联想到它和妈妈烫的头发一样，碰一下弹来弹去的，两人都点头，说平常玩的蹦床也是弹来弹去的，皮球也是弹来弹去的，便又继续猜想。

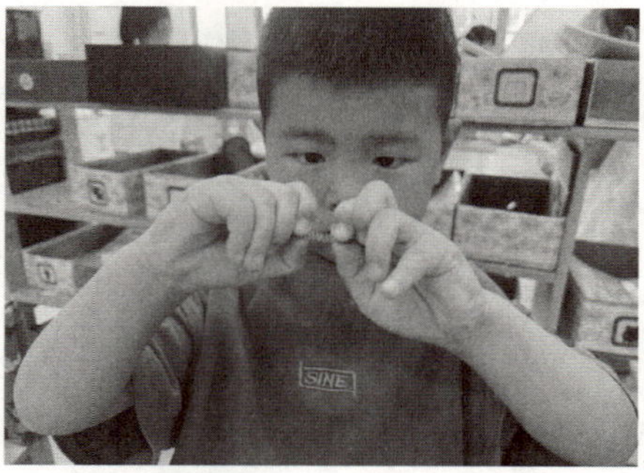

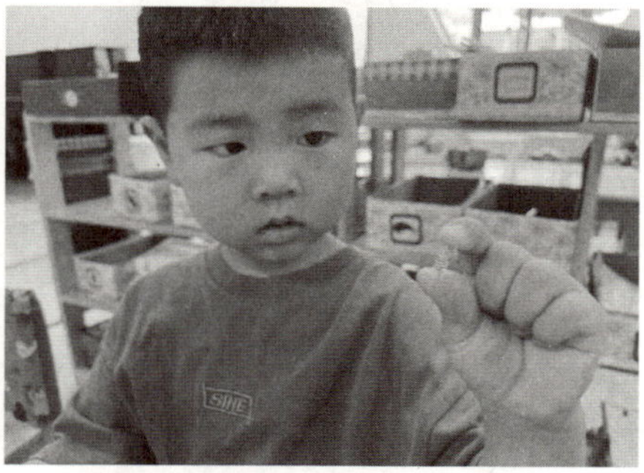

幼儿在探索弹簧的秘密

案例分析

(1) 在幼儿游戏活动中，刚开始幼儿并没有进行尝试，教师也没有介入或催促使其开始游戏，而是给予幼儿思考、提问的空间，并给予了必要的回应来激发幼儿的探索欲望。

(2) 在幼儿探索的过程中，教师并没有打断幼儿的操作，而是鼓励幼儿进行反复的尝试，让他们直观地看到自己探究后产生的结果，教师及时给予了肯定并引导幼儿联系生活中还有哪些东西也像弹簧一样是弹来弹去的。

(3) 在幼儿的思考过程中，教师并没有直接告诉答案，而是鼓励幼儿在下次玩皮球或者跳蹦床时再思考。幼儿听到可以进行游戏尝试时，顿时又产生了再次探究的欲望。

指导策略

(1) 给予幼儿思考与探索的机会。小班幼儿表现出较强的操作探索欲望，对新奇事物感兴趣，但小班幼儿探索经验少，探索的方向有时会不明确或思路单一。根据这个特点，教师应抓住时机，适时介入，支持他们继续进行探索学习。通过创设问题情境，逐步启发幼儿根据问题去观察、思考，打开幼儿思维的通道，促进幼儿的探索学习。

（2）适时介入幼儿的游戏。幼儿在区域活动中的学习过程是探索和发展的过程，幼儿是通过和材料的不断接触、作用而达到学习目的的，因此，教师不能急于用自己心目中的水平去要求幼儿。在幼儿活动中，教师要关注幼儿的活动，了解当前幼儿已有的经验是什么，观察幼儿对什么感兴趣，考虑应在哪些方面给予帮助。教师不能急于求成，而要先观察再指导，给幼儿自由选择与决定的权利，让他们的自主性得到充分发挥。

（苏州市吴江区南麻幼儿园　张丹叶）

2. 吹泡泡

◉ 案例描述

小朋友对泡泡都很感兴趣，所以我们在科学区投放了自制泡泡机和自制泡泡水的材料，贺伊小朋友便选择了制作泡泡的游戏。

贺伊先把洗洁精和水兑成泡泡水，他将吹泡泡器在泡泡水里沾了沾，吹一口气，“咦，怎么没有泡泡？”贺伊皱了皱眉头，他没有放弃，又加了一些洗洁精，继续搅拌，第二次又失败了，“是不是我没有搅匀？”他再次尝试吹泡泡，“哇，泡泡。”终于成功了，他开心地笑了起来。

在游戏分享环节中，贺伊小朋友迫不及待地想要跟同伴分享自己刚玩的小游戏——自制泡泡。教师出示了手机拍摄的照片，贺伊向幼儿讲述自己的游戏过程。第一张照片中贺伊没有吹出泡泡，老师向幼儿追问：“为什么第一次他吹不出来呢？”有幼儿问道：“是不是洗洁精放太少了？”于是教师出示了第二张游戏照片，贺伊兴奋地说道：“你们看，我真的吹出泡泡来了！”

幼儿不断尝试，终于吹出了泡泡

教师继续追问："那这次你往里面加了多少洗洁精才成功吹出泡泡的呢?"贺伊笑着用手比划了个大概，接着老师请幼儿相互讨论。

◉ 案例分析

(1) 在幼儿第一次操作失败后，教师没有盲目介入，而是耐心等待、观察幼儿的下一步骤，并给予幼儿支持和鼓励，激发幼儿的潜能，继续帮助幼儿自主探索。

(2) 幼儿在分享游戏经验时，教师提出关键性问题，帮助幼儿理清思路，引导幼儿深入讨论。

◉ 指导策略

(1) 教师要充分了解幼儿的探究情况，引导幼儿积极思考。同时教师还应鼓励幼儿大胆讲述自己在探究活动中的想法，加强幼儿间或师幼间的讨论交流，提高幼儿的科学探究意识。

(2) 教师在游戏分享中肯定了幼儿的成功，同时通过提问与描述帮助幼儿回顾，引导幼儿思考第一次没有成功的原因。在没有提前准备记录本的情况下，幼儿也可以使用白纸进行简单的记录，分析自己失败和成功的原因，寻找到问题的答案。

(3) 为幼儿开展活动提供丰富的材料。从观察中发现，幼儿活动材料的提供较为单一，会导致幼儿的思维固化在现有的材料中，因此，丰富的材料投放，可以启发幼儿的想象力，促进活动的开展。

(苏州市吴江区南麻幼儿园　顾恩赐)

第七章 自然联结 融合共生

——科学区活动与其他活动的融合

本章简介

幼儿科学区核心经验的获得并不只是存在于科学区活动中，而应该融于幼儿一日生活的各个环节，教师可帮助幼儿在园内外生活中实现科学探索的拓展。本章从科学区活动与主题活动、生活活动、户外活动、教学活动的融合实践中，梳理多途径融合的原则、注意事项及策略，并呈现了生动鲜活的实践案例。

思维导图

- 科学区活动与其他活动的融合
  - 科学区活动与主题活动的融合
    - 原则、注意事项、策略及案例
  - 科学区活动与生活活动的融合
    - 原则、注意事项、策略及案例
  - 科学区活动与户外活动的融合
    - 原则、注意事项、策略及案例
  - 科学区活动与教学活动的融合
    - 原则、注意事项、策略及案例

第一节 科学区活动与主题活动的融合

科学区活动与主题活动的融合，体现了各活动间一种相辅相成、相互促进的关系。主题活动为科学区活动提供了丰富的内容和情境，使得科学探索更加贴近幼儿的生活实际和兴趣点。同时，科学区活动也为主题活动增添了实践性和探究性的元素，使得幼儿在主题学习中能够更深入地理解和掌握科学知识。因此，将科学区活动与主题活动有机融合，不仅能够丰富幼儿的学习体验，还能够有效提升他们的科学素养和综合能力。

一、科学区活动与主题活动融合的原则

1. 互补性原则

首先，科学区活动与主题活动在目标和内容上需要保持一致。这意味着在设计活动时，要确保它们都能够支持幼儿的全面发展，并符合幼儿园的教育目标。同时，要确保科学区活动的内容与主题活动紧密相关，能够相互补充和促进。主题活动通常更加综合和全面，而科学区活动则更加侧重于某一方面的探索和实践。通过融合这两种活动，可以让幼儿在参与主题活动时，通过科学区活动深化对某一领域的理解和探索。

2. 体验性原则

相较于其他领域与主题活动的融合，科学区更加注重幼儿的亲身体验，强调幼儿的参与性，重视幼儿与环境、幼儿与活动内容的互动，重视幼儿在真实情境中对于科学现象以及包含规律的认知理解，因此需要进一步强调幼儿在活动体验过程中的感受。可以借助具体的科学现象情境，利用科学材料和教具给予幼儿充分感知的机会，让幼儿在主题活动中不断地进行观察、探索和比较，丰富幼儿的内在科学经验。这意味着教师应该尽可能地引导幼儿参与活动的设计和实施过程，让他们成为活动的主人。同时，也要鼓励幼儿之间的互动和合作，培养他们的合作精神和团队意识。

3. 灵活性原则

在融合过程中，需要保持灵活性。这意味着教师可以根据幼儿的兴趣和需要，灵活地调整活动的安排和内容。同时，也要允许幼儿根据自己的兴趣和探索意愿，自主选择参与不同的活动。比如，在主题活动开展中，当一个新的问题，或者是一

种新的现象出现时，总能够吸引幼儿的注意，让幼儿主动地沉浸于其中，不自觉地进行互动。面对突发情况，教师就需要灵活处理，及时抓住问题引发的教育契机，依靠情境变化顺势而为，新的问题和现象才有可能成为幼儿科学学习和经验提升的良好起点。

4. 多元性原则

在科学区活动中，应该提供与主题活动相关的、有趣的、有探究性的多元性材料。这些材料能够激发幼儿的好奇心和探究欲望，让他们在游戏中学习、在探索中成长。科学区活动与主题活动融合时，应该采用多元的评价方式。不仅要关注幼儿的学习成果，还要关注他们的学习过程、学习态度和学习方法等方面的表现。同时，也应该注重评价的及时性和针对性，以便及时调整教学策略和方法。

二、科学区活动与主题活动融合的注意事项

1. 强化科学素养，重视全面发展

在科学区活动中，应确保活动内容紧密围绕科学核心概念，通过实践活动引导幼儿观察、提问、假设、实验、记录和总结，从而培养他们的科学探究能力和科学思维方法。同时，要注重科学态度和价值观的培养，如尊重事实、勇于探索、持续学习等。

科学区活动与主题活动融合时，需考虑幼儿全面发展的需求。科学活动不应孤立存在，而应与其他领域（如语言、艺术、社会、健康等）相互渗透，共同促进幼儿在认知、情感、社会性、身体等多方面的均衡发展。例如，在科学活动中融入艺术元素，鼓励幼儿用绘画、手工等方式表达科学发现；或与社会活动结合，培养幼儿的合作意识和社交技能。

2. 丰富活动内容，优化活动体验

为了保持科学区活动的新鲜感和吸引力，应不断丰富活动内容。这包括选择多样化的科学主题，设计具有层次性和挑战性的活动任务，以及提供丰富多样的操作材料和工具。通过多样化的活动设计，可以满足不同兴趣和能力水平的幼儿需求，激发他们的学习兴趣和探索欲望。

在融合科学区活动与主题活动时，应注重活动过程的趣味性和互动性。教师可以通过创设有趣的情境、设置合理的挑战、开展有效的讨论等方式，提升幼儿的参与度和学习体验。同时，要关注幼儿的个体差异和兴趣点，给予个性化的指导和支持，帮助他们在活动中获得成就感和自信心。此外，还应注重活动环境的营造和氛围的创设，为幼儿提供一个安全、舒适、充满探索氛围的学习环境。

三、科学区活动与主题活动融合的策略

1. 依据主题活动，创设科学情境

根据当前进行的主题活动内容，创设与之相关的科学区活动情境。这种情境应能够激发幼儿对科学现象的好奇心和探索欲，同时与主题活动的核心目标相契合。例如，主题活动是“海洋世界”，可以将科学区设置成一个小型海洋实验室，提供水族箱、海洋生物模型、海水调配实验等材料，让幼儿在模拟的海洋环境中进行观察和实验。

通过情境创设，使科学区活动与主题活动紧密相连，增强活动的整体性和连贯性，提高幼儿的学习兴趣和参与度。

2. 根据幼儿兴趣，增添科学材料

在科学区活动与主题活动融合时，应密切关注幼儿的兴趣点和需求。根据他们的兴趣和探索欲望，适时增添或调整科学区的材料。这些材料应具有一定的挑战性和趣味性，能够引导幼儿进行深入的科学探究。例如，如果幼儿对磁铁产生了浓厚的兴趣，可以在科学区增设磁铁实验套装，让他们通过实际操作了解磁铁的性质和应用。

通过满足幼儿的兴趣需求，激发他们的主动学习动力，可以使科学区活动更加贴近幼儿的实际生活和学习经验。

3. 关注幼儿需求，拓展主题内容

在科学区活动中，教师应时刻保持敏锐的观察力，关注幼儿在活动中的表现和反馈。当发现幼儿对某个科学现象或问题表现出特别的兴趣和疑惑时，可以以此为契机，拓展新的主题活动。这种拓展不仅是对原有主题活动的深化和延伸，也是对幼儿兴趣和需求的积极响应。例如，如果幼儿在科学区活动中对植物生长过程产生了浓厚的兴趣，可以进一步开展“小小园艺师”主题活动，引导幼儿种植并观察植物的生长变化。

通过关注幼儿需求并拓展新的主题活动，实现科学区活动与主题活动的动态融合和持续发展，促进幼儿科学素养和全面能力的不断提升。

四、科学区活动与主题活动融合的案例

探索彩色影子的奇妙世界

◉ 案例描述

在“奇妙的世界”主题活动中，科学区的一项特色活动——“有趣的影子”深

受幼儿们的喜爱。活动初期，通过一系列的观察和实验，幼儿们对影子、光源以及它们与物体之间的关系产生了浓厚的兴趣。每当自然光或人造光源变化时，幼儿们都会积极寻找并观察影子的变化，展现出强烈的探究欲望。

为了支持幼儿们的这一兴趣，教师在科学区投放了丰富多样的材料，包括手电筒、不同透光性的物体、绘画工具等。幼儿们在自由探索的过程中，偶然发现了彩色积木在手电筒照射下能投射出彩色的影子，这一发现让他们兴奋不已。随后，教师根据幼儿们的这一新发现，及时调整了科学区的材料，增加了绘画纸、透明塑封纸等，鼓励幼儿们亲手绘制并尝试创造彩色影子。

在活动中，幼儿们自主选择材料，进行创作和实验。他们有的直接在透明纸上绘制彩色图案，有的则尝试将彩色颜料与透明物体结合，创造出独特的彩色影子效果。在反复尝试和探索中，幼儿们不仅加深了对光影现象的理解，还学会了如何运用不同的材料和方法来实现自己的创意。

幼儿探索彩色光影

◉ 案例分析

（1）兴趣是最好的老师：本次活动充分证明了幼儿们对自然现象的浓厚兴趣是推动他们深入探究的重要动力。作为教师，我们应该时刻关注幼儿们的兴趣点，及时调整教学计划和活动安排，以更好地满足他们的学习需求。

（2）材料的选择与投放：科学区活动的成功与否在很大程度上取决于材料的选择与投放。在本次活动中，教师根据幼儿们的兴趣和探究需求，精心准备了多样化的材料，为幼儿们的探索提供了有力的支持。同时，教师还根据活动的进展情况及时调整了材料，进一步激发了幼儿们的探究热情。

（3）引导与支持：在幼儿们的探究过程中，教师的引导和支持至关重要。教师应该以观察者的身份关注幼儿们的探究行为，适时给予指导和鼓励，帮助他们解决遇到的问题和困难。同时，教师还应该鼓励幼儿们之间的合作与交流，促进他们相互学习和共同进步。

(4) 主题活动的融合：科学区活动与主题活动的融合是提升教学效果的有效途径。在本次活动中，教师将科学区活动与“奇妙的世界”主题活动紧密结合，通过引导幼儿们探索彩色影子的奥秘，不仅加深了他们对光影现象的理解，还拓展了他们对周围世界的认知和理解。这种融合不仅丰富了活动内容，还提高了幼儿们的学习兴趣和参与度。

（苏州市吴江区南麻幼儿园　劳莉莉）

第二节　科学区活动与生活活动的融合

科学区活动与生活活动的融合，有效拓展了幼儿科学素养提升的时间与空间维度。此举不仅打破了科学探究游戏仅局限于教室科学区域进行的传统模式，更将科学游戏深度融入幼儿日常生活之中，有助于幼儿构建完整且连贯的科学经验体系，并促进其在不同生活场景中灵活运用与迁移。这种融合方式，能够逐步培养幼儿形成科学探究的基本生活态度和独特的思维方式。

一、科学区活动与生活活动融合的原则

1. 开放性原则

科学区活动与生活活动的融合必须是开放的，生活活动中幼儿的亲身经历真实且有意义，有利于教师把握幼儿的兴趣，从解决生活问题的探索中导向幼儿科学经验的提升。幼儿科学经验的获得途径是开放的，不应局限于学科知识体系或主题活动中，教师要注意用开放的眼光关注幼儿在园内园外的生活，进而丰富科学区的活动。

2. 合理性原则

科学教育是概念转变的过程，所有的活动必须基于幼儿的学习经验，幼儿只有通过经验的不断积累，才能逐步理解科学概念。科学区活动与生活活动的融合并不是简单的、片面的结合，合理的活动内容可以帮助幼儿了解学科特色，从组块化的知识中感知科学“大概念”。从内容量的角度看，追求合理性就一定要摒弃“多多益善”的想法，求精不求多，从众多幼儿感兴趣的生活事件中精选蕴含各年龄段幼儿发展价值的内容。

3. 主体性原则

在幼儿科学区活动与生活活动融合的实践中，必须要遵从幼儿主体性的原则，包括遵循幼儿能力水平与生活实际相一致。如果忽视幼儿的学习进阶、能力发展水平及幼儿自身的需求兴趣，就无法把握幼儿学习的深度与广度，进而容易出现“小学化”倾向。科学区活动的主题必须与生活相联系，把握好幼儿在园内生活活动中熟悉的环境和事物，以及幼儿在园外生活活动中的自然探究等情况。这些都能引发幼儿对科学概念的主动探究与学习，充分体现幼儿参与的主体性。

二、科学区活动与生活活动融合的注意事项

1. 摒弃“伪生活化”教育内容

关注幼儿生活环节中的科学探索价值是提升幼儿科学素养的重要切入口，但科学区活动与生活活动的融合切不可为了“生活化”而“生活化”，教师必须在把握科学概念的基础上筛选科学区活动内容。例如，在科学区“玩色”实验中，除了各种成品色片等材料外，教师还投入了碘酒，常见的蔬菜，包括土豆、卷心菜等，供幼儿操作实验，记录“变色”结果，以此为科学区贴上“生活化”的标签。但实际上，幼儿虽在生活中时常接触这些蔬果，但却不常接触碘酒，更没有碘酒遇到淀粉就会变色的观察经验，可以说“生活化”得过于牵强。虽然材料本身的特性可以吸引幼儿的好奇心和探索欲，但从科学的角度来看，幼儿无法感知淀粉的存在，这类“伪生活化”的科学活动无法引发幼儿对周围世界的理解，实验内容背后也不具备可延伸的幼儿探索空间。

2. 把握不同年龄段融合中的关注点

在科学区活动与生活活动的融合过程中，要侧重关注不同年龄段幼儿不同能力发展的状况。小班幼儿只有表象思维且不具备问题意识，培养幼儿的感官能力才是小班幼儿科学区活动的重点。当幼儿在生活活动中发生无意识的科学探究时，教师可借机引导幼儿描述现象、关注现象，并将一些生活活动中的随机素材融进科学区，让幼儿在反复操作、尝试错误的过程中感知动作与操作结果之间的联系。中班幼儿已具备一定的解释和概括能力，面对生活中的科学现象，幼儿会进行猜想，但无法做到基于已有经验进行合乎逻辑的推断。因此教师可指导幼儿针对生活活动中偶发的科学现象进行发散性的猜想，也可基于科学区活动中幼儿的操作，组织分享交流。尽管中班幼儿的猜想可能缺乏逻辑，但教师可以逐步帮助幼儿找到事物之间的联系，培养幼儿在生活中探究的习惯。大班幼儿真正开始具备问题意识，可以从问题出发寻求答案，因此教师可将科学区活动通过各类生活活动延伸出去，让幼儿收集信息、提出问题并在比较和分析中做出解释。虽然幼儿的问题与答案可能还对应不起来，

但在科学与生活链接的过程中，幼儿会很容易用已知的科学知识进行迁移性的猜想，为建构良好的科学思维埋下种子。

3. 反对重结果轻过程的指导倾向

小生活中往往蕴含着大科学，幼儿教育需要链接生活，幼儿的科学教育更应该回归生活。相对于玩法单一的科学小实验，幼儿在生活中亲历的场景引发的探究更具有多元化的拓展价值。在科学区活动与生活活动的融合中，我们一定要把握好“生活”与“科学”的正确交集，反对重知识结果、轻知识过程的指导倾向，明确幼儿科学教育的最终目的不在于两者融合后的求新求异，而在于适合的教育内容对幼儿科学态度、科学能力的持续培养上。我们需要运用不同的方式支持幼儿的探索、观察、调查、实验、记录等活动，结合幼儿已有的生活经验，激发幼儿的逆向思维和多向思维。只有当科学知识与幼儿生活紧密相连时，幼儿的科学教育才真正来源于生活，又指向于生活，达到“科学”与“生活”的相辅相成。

三、科学区活动与生活活动融合的策略

1. 贴近生活，创设有生活温度的科学区

科学区活动是教师引导幼儿认识周围世界，支持幼儿主动探究、扩大视野的重要途径。生活化的科学探究来自于幼儿日常生活中不经意的兴趣和关注，好奇好问是幼儿的天性，合理地加以引导，能激发幼儿主动探究的兴趣。

午睡时，幼儿会在穿脱衣物的过程中发现衣物“放电”，发出“噼里啪啦”声和头发“飞舞”的神奇现象；洗手时，会因为随风飞扬的透明肥皂泡突然变得五彩斑斓而产生“泡泡为什么会变色”的疑惑；散步时，幼儿还能闻到各个季节专属的味道，从中感受气体扩散的科学道理。教师在抓住这些教育契机后，要在了解幼儿已有经验的基础上引导幼儿建构新经验，同时引导幼儿新经验的运用迁移，这样的科学探究才能不流于形式。

创设科学区时，无论是环境氛围打造还是内容的设置都要善于留白，要关注幼儿在生活情境中生发的问题讨论，合理引导，积极推动，帮助幼儿最终将学习到的科学知识用于解决生活中的实际问题。同时做到科学教育生活化和生活教育科学化，生活才会成为幼儿发展的重要动力源泉。

2. 强化互动，捕捉儿童视角的探究内容

科学方法聚焦生活问题，除了内容及环境氛围的创设外，科学区活动与生活活动的融合还应更多地体现互动性的作用，真正让区域的创设与幼儿的发展同步，让区域成为幼儿分享交流经验的新平台。例如，在区角留下幼儿游戏痕迹、经验建构的相关记录，还可以增设“小小问题墙”“小生活大秘密”等板块，给予幼儿在生

活中遇到小疑问、小惊喜时及时记录的空间，帮助幼儿与同伴间建构一个引发共鸣、获得启发的平台。这些措施都有利于培养幼儿在生活中善于观察事物、及时发现问题的良好习惯。

幼儿的思维具有具体、形象的特点，让幼儿思维可视化，包括让幼儿的前期经验可视化，即幼儿科学探究的整个思维过程、思维方向等都得到清晰的阶段化呈现，幼儿在“思维可视化”的各种表征记录中提升科学素养。教师作为幼儿行动的观察者和参与者，也可以对不同年龄段的幼儿采取适宜的方式进行简单的提问或问题引导。当然，幼儿与家长之间产生的生活化的科学疑问也能够成为互动平台的新素材。

3. 家园联动，从生活中来到生活中去

幼儿眼中的奇妙景象包罗万象，生活活动中的探究行为也具有随意性和多样性，是幼儿园科学活动的空间延伸，其出发点更多的是为保护幼儿好奇心与主动探究的积极性。幼儿园内外科学学习壁垒的打通可通过家园合作的方式进行。教师可利用课程审议等手段，根据幼儿年龄特点、发展水平，有目的、有计划地预设相关科学区活动，再利用家长资源开展园内园外不同形式的科学活动；也可将幼儿在科学区遇到的无法解释的科学概念，通过亲子调查等方式延伸到家庭中去展开，以保护幼儿的求知欲，引导幼儿在生活探究的延伸活动中，建立起关于某一科学现象背后因果联系的感知和体验。在家园联动中，家长可通过及时分享幼儿科学兴趣点，为教师创设“幼儿为本”科学区活动内容提供来源。例如，科学区“不下沉的蛋”实验中，幼儿对加入盐后鸡蛋浮起的现象格外感兴趣，通过园外生活活动中的多次亲子实验及调查分享交流，幼儿了解了生活中关于水的不同密度造成的众多科学现象，获得了科学探究的持续动力，也为科学区衍生了“水油分离”“水中瀑布”等关于液体密度的有趣实验。幼儿从现象出发获得对于物质结构属性的合理认知、组块化的知识经验，为其正确科学观的建立奠定了良好基础。

四、科学区活动与生活活动融合的案例

香香的气

◉ 案例描述

在如厕盥洗环节，一位幼儿在厕所拉了很臭的“便便”，其余幼儿纷纷捏着鼻子说：“好臭！”。幼儿对“臭”这一气味产生了浓厚兴趣，开始激烈地讨论如何让臭味变香，有的孩子说放一些香香的花、有的说用香香的水喷一喷……孩子们萌发了许多掩盖臭味的方法。一位幼儿还从家里带来了香香的花露水，每天都会在盥洗

室喷洒一些花露水，很快花露水用完了。于是，有孩子提出自制“香水”。他们去捡了一些花瓣、采摘了桑树林里的薄荷叶，开始在科学区“捣鼓”，通过闻一闻、敲一敲、放入喷壶、加点水、摇一摇五步骤完成，但是自制的香水并未发出期待的香味。于是他们决定等待几天。连续三天，幼儿都关注着瓶子里的香味，但仍旧没有。当天下午，幼儿起床后闻到教室里充满了橙子的香味，幼儿提议是不是可以用橙子制作香水。紧接着，他们开始了第二次制作。他们很熟练地做好了一瓶橙子香水，并赶紧喷了起来，果然有香味，但随之幼儿发现了一个新的问题——香味不能保持很久，一会儿就没有了。有幼儿猜测是否放置到第二天会增加香味。但等到第二天，幼儿发现香味仍不能长时间保持。于是，教师鼓励幼儿与爸爸妈妈一同寻找制作香水的办法。很快，他们带着新发现来到了幼儿园，分享自己找到的自制香水的方法，并拓展了关于酒精的认识（知道其不仅能够杀菌、利于保存，还可以促进植物里的香味挥发出来）。科学区自制香水的热潮再一次掀起了，幼儿将橙子皮按清洗→擦干→剪小块、捣碎→放入喷壶→加入酒精→摇一摇的步骤制作好香水，并把小喷壶放在避光的地方，耐心静置等待一天后，香水终于被成功制作了出来。

幼儿初步尝试制作橙子香水

幼儿在了解香水制作方法后，加入酒精，成功地制作出香水

◉ 案例分析

幼儿的每一个科学活动都是从生活开始的，科学活动更是离不开生活。这是一个由生活现象引发的科学区探究活动，孩子们的探究缘起生活，从生活走向科学，最后孩子们把探究结果运用在生活中，又让科学回归生活。

科学教育应密切联系幼儿的实际生活，并利用身边的事物和现象作为科学探索的对象。小班幼儿嗅觉感官经验较少，为给幼儿提供积累嗅觉经验的机会，教师抓住生活中的教育契机，和幼儿一起开启了一场"气味"之旅。探究以幼儿感兴趣的问题为出发点，教师鼓励幼儿收集各种各样的气味物品，并将收集到的各种气味物品投入班级科学区中供幼儿自主选择探究，幼儿在自发的需求和愉快的情绪氛围中探究科学、感受科学，激发了幼儿的探究兴趣，培养了探究能力，同时让幼儿感受到生活中处处有科学。

（苏州市吴江区盛泽幼儿园　徐苗苗）

第三节　科学区活动与户外活动的融合

科学区活动与户外活动的融合是指将科学区活动融入到户外活动的环境创设中，借助丰富的课程资源、多样化的户外活动内容和差异化的户外活动形式之间的相互渗透与表现，促进幼儿在自由、自主、愉悦的户外活动中获得身心的全面发展。

将科学区活动与户外活动相融合，意味着将室内的科学探索延伸至户外，让幼儿在亲近自然、参与实践的过程中，深化对科学原理的理解和应用。这种融合不仅打破了传统科学教育的界限，使学习变得更加生动有趣，还能够激发幼儿对自然界的好奇心和探索欲，培养他们观察、思考、解决问题的能力。因此，科学区活动与户外活动的融合，是一种符合幼儿认知发展规律和学习特点的教育模式，对于促进幼儿全面发展具有重要意义。

一、科学区活动与户外活动融合的原则

《指南》指出：应经常带幼儿接触大自然，激发其好奇心与探究欲望。教师应尽可能地为幼儿创造真正参与户外探究活动的条件，使他们能够运用多种感官去大自然中体验，怀着探索的心态感受科学探究的过程。科学区活动与户外活动融合的基本原则主要包括：

1. 自然适宜性原则

科学区活动与户外活动的融合旨在给幼儿提供更多直接感知的机会，引导幼儿把自己在户外所见、所听、所闻的一系列事物结合起来进行探究。教师要以培养幼儿的探究能力为核心，重视整个活动的适宜性。幼儿的探究能力培养关键在于实践，幼儿的科学探究活动可以在幼儿园内主题背景下的课程内容中展开，随着主题变换的探索活动更能有效地拓展幼儿的主题经验。只有让幼儿亲自动手实践，才能使他们的思维能力得到发展，进而提高幼儿的探究能力和创新能力。

2. 探究主体性原则

孩子的世界，是他们自己去探索、去发现的。教师在活动指导中要以幼儿为主体，激发幼儿的自主性和参与性，让幼儿自主与同伴探索交流，逐步养成愿意倾听他人意见的良好习惯，以提升幼儿自主、合作的能力。教师应成为旁观者和促进者，不要轻易否定幼儿的想法，而应鼓励他们讨论、尝试、探索，并给予他们充分的时间和空间去积极分享周围新奇、有趣的事物或现象。教师要认真对待幼儿提出的问题，帮助幼儿梳理思路，从多方面、多角度支持和鼓励幼儿的探索行为。

3. 科学有效性原则

户外活动因其丰富的内容，容易导致幼儿在探究过程中，因目标过多而产生盲目性，久而久之，就会降低幼儿户外探索的热情。因此，首先，教师要教给幼儿观察的方法，引导幼儿有目的地对事物进行观察和探究；其次，在探究活动中教师要给予幼儿有力的物质支持，比如，教师可以提供放大镜，让幼儿更细致地观察事物；也可以提供量尺等工具，引导幼儿进行测量。最后，教师还应在户外探究的不同阶段，根据幼儿探究的目的、观察的重点或实验验证的需要，鼓励幼儿采用个性化的记录方式保留和积累有趣的发现和结果，可以是个人记录，也可以是小组记录，以提高户外探究的质量。

4. 安全可行性原则

幼儿的安全是幼儿园工作中的首要任务。在策划幼儿户外活动时，教师应充分考虑每一环节的安全性，务必解决其中所有的显性问题，并摸排可能存在的安全隐患。为了确保幼儿的人身安全，教师可以借助安全标识等强化幼儿的安全意识，促使幼儿在户外活动中提高自我保护意识，从而确保户外自主游戏的顺利进行。此外，教师还可以在户外活动中利用身边的事物和现象，从幼儿的关注点和兴趣点出发，进一步培养幼儿的科学探究意识，提高幼儿的科学探究能力，促进幼儿的全面发展。

二、科学区活动与户外活动融合的注意事项

1. 给予充分的悠闲时间，不过多进行干预

《另一种倾听的方法》一书中曾向我们传达了重要的信息：应允许幼儿长时间悠闲地停留在自然环境中。幼儿的科学探索是一个持续性的过程，在户外活动中，幼儿依赖感官刺激和动手操作习得经验和获得成长，从而认识世界。在这一过程中，教师应学会放手，让自然界成为老师，不过多干预幼儿的探索，摆正自己的位置，关注幼儿的探索动向，给予幼儿更多看一看、闻一闻、摸一摸的机会，教师应成为幼儿创造性、探索性活动的促进者和引导者。

2. 规避潜在隐患，提供安全环境

在未知的科学探索环境中可能存在安全隐患，有幼儿自身引起的、其他幼儿造成的伤害引起的、户外活动设施引起等。一方面，教师作为环境的维护者，应在创设幼儿探索环境时，对场地、设施提前进行检查，排除潜在安全隐患，并从幼儿角度出发，内化科学区活动规则，帮助幼儿提升自我安全意识。另一方面，在活动时，教师应及时关注幼儿活动过程，针对可能出现的安全隐患及时介入、提醒，并提供相应的支持，为幼儿创造一个自由、安全的活动环境。

3. 基于问题探究，抓住重点进行观察、聚焦

好奇是幼儿的天性，在户外科学探究活动中，不同幼儿关注事物的兴趣点不一、重点不同。为避免在自然的探究氛围中呈现一种漫无目的的探索现象，教师要善于抓取幼儿对于探究过程中的关注点和小问号。当幼儿有些许收获时，教师可以顺势追问，将幼儿的一个个关注点作为下次探究的热点；当幼儿在探究过程中有疑惑时，教师可以顺势引发幼儿聚焦问题，点燃幼儿探究的小火苗，在自然的状态下让幼儿的观察有明确目标。这样的助推过程，才能让幼儿在不断突破中体验科学探究带来的快乐与成功。

4. 关注主体需要，满足多样性需求

科学探究的主体是幼儿，幼儿在敞开式环境中探究学习，教师不能“守株待兔”式地等待有价值、有意义的时刻，更需要主动地走近幼儿，去看、去听、去思考、去分析，只有读懂幼儿的内心，走进幼儿的生活，了解幼儿探究的关注点，明晰不同年龄段与不同层次幼儿在探究活动中的需求，才能有的放矢地给予必要的、多样化的支持。如在“植物生长”实验中，小班幼儿主要是探究植物生长周期的不同生长阶段，体验探究带来的乐趣；而中大班的幼儿则更多地是使用多种工具去探究，记录、比较各种植物的生长奥秘等。

三、科学区活动与户外活动融合的策略

户外活动和室内的科学区活动不同，它的优势在于幼儿园的每个角落都是幼儿探索的主场。我们教师需要做的是：倾听幼儿的谈话、观察幼儿的行为、发现幼儿的需求、满足幼儿的需要，采用各种策略和方法与幼儿共同规划、改造、丰富幼儿园的环境，去促进幼儿的学习与发展。

1. 合理规划户外场地，创设融合性户外环境

为了营造有利于幼儿发展的活动环境，激发幼儿参与活动的积极性、主动性、专注性和持久性，我们在创设环境时应根据本园户外活动场地的实际情况，根据场地的形状、大小以及园内现有的资源，将科学探究活动渗透到户外活动中，创设具有融合性的户外环境。我们可以结合游戏、探究两种幼儿最喜欢的方式，充分利用户外环境的优势和特点，充分体现户外活动的自主性、游戏性和科学性，将户外活动变成一个幼儿自主玩乐、自主探究的户外探索场地。

2. 设计多样化的游戏内容，有效支持幼儿探索

幼儿游戏的多样化体现要根据不同的目标去设计游戏。比如要培养幼儿初步的探究能力，我们可以结合《指南》中指出的，针对不同年龄段幼儿的探究能力开展不同的游戏，如小班可以开展沙水游戏，让幼儿感知沙子的特性；中班可以开展踩影子游戏，让幼儿发现不同方向的光线与影子之间的联系；大班可以开展测量影子的游戏，通过和同伴的合作交流，幼儿可以观察、比较与分析不同物体的影子长度。

游戏的多样性也体现在内容、形式，以及游戏材料的多样化方面。比如，用饮料瓶装一些沙石，就可以作为“保龄球”；发动家长与幼儿一起动手制作游戏材料，可以提升幼儿参与游戏的热情，培养幼儿的动手能力等。

大自然是活教材，在户外更能激发幼儿的好奇心和探究欲。为满足幼儿的不同需求，教师应围绕活动目标，在户外游戏区投放多样化、有层次、可操作的材料，启发幼儿进行大胆的探索与尝试，同时最大程度地发挥幼儿探索的主动性，激发其操作欲望。在科学活动中，教师要注意引导幼儿进行实践与验证，让幼儿实践操作，反复使用材料，用多种感官去感知，并表达真实的感受，从而培养良好的科学意识。

3. 采用差异性的游戏形式，提供目的式的指导

不同年龄段的幼儿所喜欢的、所能完成的、所需要的游戏存在着不同程度的差异。我们应根据幼儿的年龄特征和心理发展特点，在游戏的过程中加强观察，了解幼儿的个体差异，有目的、有计划地进行指导。

小班幼儿的注意力持续时间较短，他们的注意力往往比较容易集中在色彩鲜艳、能动的事物上。因此，小班幼儿在游戏的选择上应突出“趣味性”。

中班幼儿以形象性思维为主，已能从直接感知到的自然现象中理解一些表面的和简单的因果关系。他们对于科学物体与现象，易受其形状、颜色、大小和活动等的影响。因此，中班幼儿的游戏选择应具有一定的“暗示性”，启发幼儿进行思考。

大班幼儿对周围世界有着积极的求知探索欲，他们在做科学实验时能够想出不同的方法去探求实验结果。因此，教师可以将游戏环节设计得复杂一些，更强调“挑战性”，突出“技能性”。

4. 提供持续性、跟踪式的指导，提升幼儿游戏水平

为提升幼儿的游戏水平，教师应采取持续性、跟踪式的指导方式，从以下两个方面对幼儿的游戏进行观察与指导。

（1）注意游戏内容之间是否有递进关系。游戏开展过程中，幼儿的每个行为都有前因后果、层层递进的关系，这就需要教师通过观察来帮助幼儿进行提炼、总结。幼儿的行为是如何开展起来的、行为与行为之间的关系如何，这些都需要老师通过言语指导或非言语指导来引导。

（2）幼儿的能力是否得到提升。幼儿在与周围环境和同伴的互动中，会提出许多问题，表现出较强的求知欲。因此，幼儿在游戏时，教师要分阶段性地进行观察，通过实践—分享—反思—调整的方式，围绕活动目标，针对幼儿已出现的问题进行分析、反思、提炼，进而提出进一步的解决策略，不断实践，给予幼儿适时指导。

5. 创设安全的户外环境，保障幼儿游戏安全

由于户外场地活动范围较广，在进行户外活动时，教师的视线不能顾及到每个幼儿，活动的安全性是首要问题。首先，教师要事先对户外探究的场地进行考察，确保环境条件和幼儿接触的物质安全；其次，教师要确保各种材料的安全，在首次投放新材料时，要向幼儿说明安全使用的注意事项；最后，对于幼儿可能接触到的动植物，教师要进行必要的提醒，及时纠正幼儿的危险动作，发现问题时及时干预并进行必要的安全指导和教育。

四、科学区活动与户外活动融合的案例

1. 哇！影子

◉ 案例描述

午间散步的时候，一位小朋友发现了“黑色的草”，引起了大家的好奇。大家纷纷议论起了影子问题，你一言我一语地说着那些“黑色的草”。看着小朋友们滔滔不绝的样子，教师问道：“小朋友们，我们中午散步的时候看到了黑色的小草，到底是怎么回事啊？”悠悠说：“是我看到的！那不是真的小草，是小草的影子。”

“哦！原来是影子，那影子是怎么来的呢？”教师进一步抛出问题，引导幼儿自由表达对影子的认识。有小朋友提到是因为有太阳，因为太阳照着，所以有影子。教师引导小朋友先把自己观察到的影子用自己的方式记录下来。在观看大家的记录结果时，有小朋友发现：同样是影子，可是记录下来的影子的位置不一样，这是怎么回事呢？我们的影子是会变的吗？孩子们开始叽叽喳喳地讨论起来。

乐乐：“我想了一下，我们可以把影子画下来，看看它到底会不会动。”

子悠：“那还可以用积木搭出影子的形状！”

熙熙：“我觉得可以量一下，看看影子会不会变大变小。”

经过热烈的讨论和“工具大投票”，大家最终决定选熙熙、乐乐、子悠三位小朋友为队长，大家自由选择加入他们的队伍。选好队伍，小朋友们激动地来到操场上，他们一下子就发现了自己的影子，一个个非常兴奋。这时，乐乐说：“瞧！我们的轮胎也有影子。”其他小朋友被乐乐的话吸引了，于是在幼儿园的角落里找来了好多的东西。最终，大家选择了篮球框、油桶、攀爬架进行观察。

小朋友们在地上用粉笔把影子的轮廓画了下来，就开开心心地回教室了。中午，大家下楼来看影子的时候，发现影子动了。它不在原来的轮廓里面了！这到底是怎么回事？影子真的自己会动吗？小朋友们带着疑惑回到了班级，打算午睡起床后再去瞧一瞧。午睡后，小朋友们又很期待地来到操场上，咦？影子去哪里啦？影子怎么没有了？有个小朋友说：“天黑了，所以没有影子了。”原来都是太阳公公捣的鬼呀！太阳公公躲起来了，积木的影子也就不见了。太神奇了！为了帮助孩子们更好地了解影子，我们开展了“影子大探秘”科学活动，并在班级科学区中投放了相应材料，引导幼儿尝试进行简单的推理和分析，发现光线与影子之间明显的关联。

孩子们发现影子并利用材料和工具进行影子的记录

◉ 案例分析

从谈话到发现影子的特别之处，幼儿的好奇心也被逐渐地激发。《指南》指出：和幼儿一起发现并分享周围新奇、有趣的事物或现象，一起寻找问题的答案。教师要善于利用偶发事件引导幼儿展开讨论，让他们的主动思考与猜测推动故事的进程。

我们引导幼儿在探究中思考，尝试进行简单的推理和分析，发现光线与影子之间明显的关联。从准备材料到自主探索，幼儿在一次次的合作、观察、讨论、思考、操作中发现问题、解决问题，最后得到答案。

（苏州市吴江区南麻幼儿园　俞彦青）

2. 沙池里的欢快时光

◉ 案例描述

琰琰拿着铲子和桶来到沙池区。由于前两天下了雨，当琰琰走近沙池，她就发现了今天的沙子是湿湿的。游戏中，琰琰将铲子用力铲进沙堆，然后挖出一勺沙子，小心翼翼地将铲子移动到小桶的地方，将全部沙子都倒入了小桶中，她就这样一直重复这个动作，嘴里还不停念叨着："1、2、3……" 等到小桶装满之后，她用小手指了指自己的小桶，笑着对老师说："老师，你猜猜要放几次，桶才会满？"。老师说："我猜 7 次吧！" 她哈哈大笑起来，对老师说："不对不对，是 5 次！你不知道了吧！" 老师说："哦？你怎么知道的呀？" 她又跑过去蹲下来铲了一次沙子，然后对老师说："就是这样，一直放，我放了 5 次就放满了。" "你真厉害，你发现小桶用 5 次就可以装满了！" 看着琰琰，老师问道："你做的是什么呢？" 琰琰把沙子轻轻地倒了出来，说："我在做城堡。瞧！今天的沙子湿湿的，正好可以让我用来盖城堡。" 琰琰挖着挖着好像又发现了什么，摸摸脑袋自言自语道："下面的沙子怎么越来越湿了啊？" 她又继续用铲子往下挖了一会，实在是疑惑，就跑来对老师说："老师，这个沙子怎么那么湿啊！" 老师说："你能不能猜一猜这是为什么呢？" "我不知道，老师，你快告诉我吧。" "因为沙子中的孔隙较大，雨水都渗透到了沙子的最底下，所以沙子的渗水能力很强哦。" 她开心地笑了笑，继续玩起了沙子。

琰琰不断地探索尝试，发现沙子渗水能力很强

◉ 案例分析

琰琰今天在沙池区的活动中心情愉悦，能和老师、小朋友积极沟通，还

通过动作表达自己的游戏意愿。比如，她能用铲子将沙子倒入小桶中，多次重复动作，最终发现了小桶用5铲就可以装满了，她也不喊累。同时，她发现了下面的沙子更湿这一现象，表现出了强烈的好奇心。针对琰琰的这种情况，教师可以有意识地引导幼儿观察周围事物，学习观察的基本方法，培养观察能力。比如，通过提问等方式引导幼儿思考并对事物进行比较观察和连续观察；支持和鼓励幼儿在探究的过程中积极动手动脑寻找答案或解决问题；鼓励幼儿大胆联想、猜测问题的答案，并设法验证，如这次活动中幼儿发现下面的沙子更湿，就可以引导幼儿进行猜想，然后尝试做一做实验，验证自己猜的到底对不对。

（苏州市吴江区南麻幼儿园　徐萍　顾恩赐）

第四节　科学区活动与教学活动的融合

科学区活动，以其开放性探索、自我导向学习、真实情境体验以及同伴互动等特点，激发幼儿的好奇心和求知欲，而教学活动则通过有组织的指导、系统化知识传授及评估与反馈，为幼儿提供结构化的学习路径，帮助他们构建坚实的科学知识体系。这两种活动的融合，意味着在教师的精心设计下，幼儿能够在有趣且具启发性的探索活动中加深对科学概念的理解，同时在教师的引导下，将非正式学习的发现与相符合的科学原理相连接，从而促进深度理解和实践技能的发展。这种融合不仅增强了幼儿的学习动机，还培养了科学思维能力，包括提问、观察、假设、实验和推理等关键技能。同时，它也促进了幼儿全面、协调的发展，使他们在认知、情感、社会性等多个领域都能得到充分的滋养与提升。

一、科学区活动与教学活动融合的原则

1. 主体性原则

作为教师首先考虑的是幼儿，因为幼儿是活动的主体，只有了解了幼儿，设计的活动才能最大限度地满足他们的需要，促进他们的发展。

在某一主题活动下，我们不仅要思考集体的教学活动，还要对各区域的材料进行调整及补充，投放与主题相关的新材料，让幼儿通过活动与材料互动。教师通过观察、分析幼儿的兴趣和已有经验，筛选出幼儿感兴趣的、有探索价值的东西生成

教学活动内容，帮助幼儿交流和提升经验，同时可将一些通过幼儿自己探索思考，认为可以操作的材料作为区域活动内容。

2. 发展性原则

科学区活动中幼儿有着最大限度的自由，这也是教师发现孩子的兴趣和需要，关注“最近发展区”的最佳时机。我们要把握时机、积极引导并及时以适当的方式应对，发现哪些学习内容是大多数幼儿的兴趣点，进而生成一系列的教学活动。

当幼儿对教学活动中的内容已掌握但兴趣依然不减时，教师可以将活动材料继续投放在区域中，另增加一些新材料，并提升难度，鼓励幼儿面对新的挑战。当幼儿在科学区探索中遇到了困难，无法自己解决或者探索内容与幼儿经验有距离时，教师可以借此为契机开展教学活动，与幼儿展开对话，一同解答。采用灵活的活动形式，让活动更符合幼儿的需要，同时也为幼儿提供了更大的资源共享与经验交流的空间，让他们互换信息，分享经验，从而获得进一步发展。

3. 互补性原则

科学区活动可以安排在教学活动之前，为教学活动积累经验；也可以安排在教学活动之后，成为教学活动的延伸实践，满足每个幼儿动手动脑去探索的欲望。

在教学活动中，为促进幼儿主动学习，我们重视培养幼儿在活动过程中手脑并用的操作能力。但有时受材料的限制，只能多人或者小组合用一份材料，导致不能让每位幼儿都有动手尝试操作的机会，那么将材料投入科学区就是很好的弥补，幼儿可以在科学区活动时间去操作。每位幼儿有个体差异，发展水平也不同。发展水平较低的幼儿可能由于教学活动时间的限制而被迫终止探索，在科学区探索可以弥补活动缺憾；发展水平较高的幼儿如果在活动结束后对探索的内容依旧充满兴趣，还能在科学区继续探索。

在区域活动中，教师是材料的投放者和活动的观察者、引导者。教师在观察指导幼儿在科学区的活动时，可以了解幼儿当前的经验、能力水平等信息，当发现大多数幼儿的兴趣点以及具有继续探索价值的内容时，就能生成集体教学活动，在教学活动中开展。

4. 互动性原则

无论是科学区活动还是集体性的教学活动，都应充分发挥师幼双方的积极性和互动性，考虑并尊重孩子的兴趣和需要，把握孩子的发展方向，使教育内容和要求能兼顾群体需要和个体差异，使每位幼儿都能得到发展，让每位幼儿都有成功感，这才是有效的教育。

5. 巩固性原则

区域活动作为幼儿在幼儿园的基本活动，是幼儿每天都参与的。因此，教师根据教学活动的需要，可以让幼儿在科学区中提前接触或感受相关内容和材料，为即将开展的教学活动做铺垫，同时也可在教学活动结束后，通过各种科学区活动，帮助幼儿反复练习、操作所学内容，巩固、强化所学知识与技能。

二、科学区活动与教学活动融合的注意事项

1. 选择合适的内容

教师在选择活动内容时，有时候会过分注重新颖性、独特性，但这些内容可能很吸引幼儿的兴趣，但未必是适合幼儿的。首先，我们应该确定科学区的活动内容与教学活动的内容在教学目标上保持一致；其次，所选择的活动内容是幼儿常见的、感兴趣的、易操作的；最后，开展活动时要采用合理的教学方式。

2. 注意探索活动安全

科学活动给幼儿提供了亲自动手、动脑的机会，幼儿在摆弄各种材料、物品中去探索发现。在探索的过程中需要使用一些器具，因此要特别注意使用安全。同时在新增器具、实验材料、研究工具时，教师要提前进行介绍，讲解正确的使用方法，以防幼儿在操作过程中误伤。

3. 提供可操作的材料

幼儿对科学活动的最大兴趣是可操作各类材料，即做实验。所以我们提供的材料要尽可能环保、便于操作。材料可以是身边易得的、卫生的、安全的、可重复利用的。教师要充分挖掘材料的价值，一物多用。

根据活动主题，科学区材料要及时更新、定期整理。材料并非越多越好，教师要根据层次性、针对性、开放性原则，有目的地选择合适的材料，适合各年龄段不同能力的幼儿。

4. 指导和引导相结合

幼儿的科学教育是科学启蒙教育，重在激发幼儿的兴趣和探究欲。教师要尽量创造条件让幼儿实际参加探究活动，让他们经历科学探究的过程，体验科学发现的乐趣。科学探究是一项需要幼儿集中注意力、认真操作的活动，教师是一个“观察者”，要去发现幼儿探究过程中有价值的问题。当幼儿出现困难时，不必急于出手相助，给孩子试错、纠错的机会，当问题反复多次不能解决时再介入；或者在开展教学活动时，将问题抛给大家一起想办法解决，给幼儿机会去分享、去交流。

5. 充分利用灵活时间

科学区活动与教学活动的融合目标是一致的，是互相渗透、互帮互助的。科学

区应该设置在一个开放的区域，活动时间要灵活、充足，在教学活动后，部分幼儿可以利用空闲时间去继续探索，不能规定只能在区域活动时间才可以进行探索。

三、科学区活动与教学活动融合的策略

如何将科学区活动和教学活动相融合，使幼儿的经验得到延续和巩固，是教学工作中一项重要的内容。各项活动的有机联系，可以提高活动的整体成效。教师应发挥各类活动的互补作用，让幼儿在生活中学习、在区域中学习，以科学的态度来看待问题，主动、积极、创造性地进行探究。

1. 合理建构科学区环境，为教学活动提供可操作的平台

心理学家潘菽曾经指出：教育是一种环境，是人类有组织、有计划地传递社会经验、发展技能的方式。要在幼儿园里有组织、有计划地开展各类科学活动，必须为幼儿创设丰富、宽松的探索环境，为幼儿的科学活动配置充足的物质条件，随时满足幼儿求知欲的需要。幼儿园科学区，是教师利用日常教育资源所创设的一种科学教育环境，这个环境是幼儿可以去发现、探究、寻找、表达、实践科学目标的平台。而这个平台搭建的好坏，直接影响到幼儿获得科学知识、经验、技能的多少及正确与否。如春天的菜园里会有很多蝴蝶、蜜蜂等昆虫，孩子们走在菜园里往往被他们吸引，教师可以抓住这个教育契机通过谈话了解幼儿想知道什么，也可在科学区摆放这类昆虫的标本以供幼儿进一步观察、探索，甚至可以开展更多昆虫主题的延伸教学活动。

2. 精选科学活动内容，彰显教学活动的内涵特征

科学教学活动的内容选择并不是随意的，而是教师根据幼儿的年龄、教学目标，有计划、有目的、有步骤选择的结果。我们既要考虑教育的目标，又要尊重幼儿的兴趣，坚持“以幼儿为本”的理念，激发幼儿对科学活动的热爱。如“小小调味师”主题活动中，通过对各种调味品的调试，在添加、减少、品尝的过程中，幼儿感知甜、酸、苦、辣的不同味觉，了解食物本身含有的不同味道，正因为这些味道，所以才能区分各种物品，初步体验世界万物的奥妙和特有本质。

3. 在科学区投放适宜材料，寻找教学活动的操作途径

著名教育家布鲁纳说：学习的最好刺激，乃是对学习材料的兴趣。材料对于游戏的有效开展起着关键的作用。投放得当的材料，可以促进幼儿对科学现象、知识的习得，并提高科学活动的学习价值。因此科学区的材料投放，教师要合理规划、精心设计，可以就地取材，也可以加工合成。如在“小鱼游游游”主题活动中，教师用彩色泡沫纸剪成小鱼，在小鱼的嘴巴处别上回形针，然后放进装着水的塑料瓶中，幼儿则手拿磁铁，在瓶子壁上吸引小鱼跟着磁铁游动。教师精心准备材料，幼儿在游戏过程中，也渐渐明白磁铁可以吸引含有铁的物体的科学知识。

四、科学区活动与教学活动融合的案例

水和油

◉ 案例描述

中班下学期蓝本课程中有一个主题活动是“我身边的科学”，这个主题主要让幼儿在主题活动中接触身边的科学，了解身边的科学，把他们带入一个奇妙的世界。本主题旨在让幼儿在游戏、实验和操作中了解科学的奥秘，同时主题活动中涉及的天文、卫生等方面的科学知识也能引起幼儿强烈的好奇心和求知欲望。所以说，只要我们愿意用眼睛去观察、用脑袋去思考、动手去实践，就会发现生活中处处皆有学问，原来科学就在我们的身边。

在一次午餐时间，小朋友喝汤时发现汤上面有一层亮晶晶的东西，他们用勺子搅拌的时候亮晶晶的东西散开了变成了一个个小泡泡，但是汤平静下来之后这一层亮晶晶的东西又飘在了上面。由此我们设计了中班科学活动“水和油”，让幼儿通过这个活动了解油和水是不相融的，以及探索使他们相融的方法。活动目标是：

（1）感知油和水混合在一起互不相融的现象，并能表达自己的发现。

（2）大胆探索加入不同材料能否使油水融合，并学会记录实验结果。

（3）通过仔细观察和动手操作，培养积极的探究兴趣。

短短的教学活动幼儿需要了解很多学习要点是不太现实的，然而科学区就是这样一个帮助幼儿发现问题，利用各种各样的材料激发幼儿探索并解决疑惑的地方。在科学区，幼儿可以在一次次实验中探索水油融合的各种办法。这时教师可以结合幼儿的需求帮助幼儿记录结果，一起制作实验记录表。区域活动时，教师可以给幼儿设置疑问“为什么有些物体有去油作用，为什么在做实验的时候没成功呢？”然后给幼儿自己操作的机会，让幼儿通过实验发现，在实验中只有部分油被溶解时再继续加一定的清洁剂可使油完全溶解。

幼儿探索水油融合的奥秘

◉ 案例分析

科学探索活动应该充分让幼儿自由地、自主地去探索，所以教师在“如何大胆探索油水融合的方法”上做了深入思考，在区域投放多种来源于幼儿生活的、能让水油融合的材料，让幼儿去探索水油融合的方法。幼儿在操作实验中使用洗洁精、洗衣液都不能让油溶于水，导致实验有偏差，于是教师在提供材料的量上做调整。我们把这个问题作为生成活动让幼儿对溶解剂与水的比例继续探究。从实验对比中，幼儿不仅体验发现的乐趣，也逐渐形成了积极思考、乐于探究的良好品质。

（苏州市吴江区南麻幼儿园　王芳芳）

参考文献

［1］施燕．学前儿童科学教育与活动指导［M］．上海：华东师范大学出版社，2014.

［2］汤志民．幼儿园环境创设指导与实例［M］．上海：华东师范大学出版社，2013.

［3］施燕．学前儿童科学教育［M］．北京：中国广播电视大学出版社，2007.

［4］爱泼斯坦．学前教育中的主动学习精要：认识高宽课程模式［M］．霍力岩，等译．北京：教育科学出版社，2012.

［5］朱莉·布拉德．0—8岁儿童学习环境创设［M］．陈妃燕，彭楚芸，译．南京：南京师范大学出版社，2014.

［6］陈杰琦，克瑞克维斯基，维恩斯．多元智能的理论与实践：让每个儿童在自己强项的基础上发展［M］．方钧君，译．北京：北京师范大学出版社，2005.

［7］冯晓霞．幼儿园课程［M］．2版．北京：北京师范大学出版社，2001.

［8］张俊．幼儿园科学领域教育精要：关键经验与活动指导［M］．北京：教育科学出版社，2015.

［9］李季湄，冯晓霞．《3-6岁儿童学习与发展指南》解读幼儿园的教师指导［M］．北京：人民教育出版社，2013.

［10］施燕，何敏，张婕．学前儿童科学学习与发展核心经验［M］．南京：南京师范大学出版社，2021.

［11］爱泼斯坦．科学和技术：关键发展指标与支持性教学策略［M］．霍力岩，刘睿文，任宏伟，等译．北京：教育科学出版社，2018.

［12］中华人民共和国教育部．幼儿园教育指导纲要（试行）［M］．北京：北京师范大学出版社，2001.

［13］戈柔．让幼儿的学习看得见：班级区域活动的实施策略［M］．上海：少年儿童出版社，2020.

［14］黛安·翠斯特·道治，劳拉·柯克，凯特·海洛曼．幼儿园创造性课程［M］．吕素美，译，南京：南京大学出版社，2006.

［15］教育部基础教育司编写组．幼儿园教育指导纲要（试行）解读［M］．南

京：江苏教育出版社，2002.

[16] 中华人民共和国教育部 . 3—6 岁儿童学习与发展指向 [M]. 北京：首都师范大学出版社，2012.

[17] 陶纪秋 . 幼儿园科学教育环境创设的原则与策略 [J]. 学前教育研究，2010（5）：63-65.

[18] 刘占兰 . 让墙饰成为孩子学习过程和结果的记录 [J]. 幼儿教育，2003（9）：40.

[19] 曹宇 . 幼儿园科学区角材料投放及使用研究 [J]. 幼儿教育（教育科学版），2006（11）：25-27.

[20] 刘秀艳，王晓亚 . 论幼儿园活动区域材料投放原则 [J]. 牡丹江教育学院学，2013（3）：75-76.

[21] 任格格 . 浅析幼儿园大班科学区域活动的材料投放 [J]. 教育教学论坛，2013（26）：265-266.

[22] 马有国 . 幼儿园大班区角活动材料投放的实践研究 [J]. 学周刊，2017（12）：202-203.

[23] 仇玉兰 . 幼儿园科学活动区材料提供的策略研究 [J]. 上海课程教学研究，2017（11）：49-53.

[24] 杨磊 . 幼儿园科学区角活动的调查分析：以江苏省某科学教育特色幼儿园为例 [J]. 陕西学前师范学院学报，2016，（10）：37-41.

[25] 杨莉君，邓双 . 幼儿园区域活动教师指导的有效性研究：以湖南省部分示范性幼儿园为例 [J]. 教师教育研究，2012，（2）：33-37.

[26] 王蓉 . “问题探究式”幼儿科学教育活动探究 [J]. 教育评论，2015（6）：130-132.

[27] 高芹 . 兰本达的“探究—研讨”教学法对幼儿科学教育的启示 [J]. 教育探索，2009（4）：139-141.

[28] 韩莉 . 幼儿园开展区域游戏活动的策略 [J]. 学前教育研究，2013（9）：70-72.

[29] 姜冬玲 . 四环节模式区域活动与幼儿自主学习能力的发展 [J]. 学前教育研究，2017（2）：67-69.

[30] 陈丽婷 . 小科学大味道：浅谈科学区的创设 [J]. 科学大众（科学教育），2014（5）：116.

[31] 陈宝玲 . 幼儿园科学区环境创设的策略探究 [J]. 新智慧，2020（32）：77-78.

[32] 施燕．幼儿园科学区角活动材料设置三议［J］．幼儿教育，2012（31）：34-35.

[33] 赵霞．幼儿园区角活动中材料投放的问题与注意事项［J］．新课程（教研版），2020（51）：27.

[34] 王燕华．儿童视角下的幼儿园科学区学习环境创设［J］．黑龙江教师发展学院学报，2020（9）：92-95.

[35] 齐凌．以关键经验为参照，有效投放科学区活动材料［J］．福建教育，2020（51）：31-33.

[36] 吴君妍，陈晓兰．教师观察能力提升的探索与思考：以中班课程故事《芦苇建构》为例［J］．好家长，2020（70）：90-91.

[37] 庄春梅．幼儿科学探究活动生活化、系列化的实践研究［J］．早期教育（教科研版），2012（5）：54-56.

[38] 徐文．幼儿园科学区活动材料的现状研究［D］．福州：福建师范大学，2015.

[39] 丁紫薇．幼儿园科学区活动材料投放及使用现状研究［D］．长沙：湖南师范大学，2018.

[40] 梁龙芳．幼儿园区域活动中教师非言语行为的个案研究［D］．兰州：西北师范大学，2014.

[41] 李槐青．当前幼儿园科学教育中的问题及对策［D］．长沙：湖南师范大学，2006.

[42] 高傲．幼儿园科学区创设现状研究［D］．大连：辽宁师范大学，2017.

[43] 赵冠娇．支持幼儿自主学习的科学区材料及投放策略研究［D］．哈尔滨：哈尔滨师范大学，2019.

后　记

当我们完成《幼儿园区域创设与活动指导：科学区》这本书的编撰时，内心充满了感激，真挚地感谢那些无私奉献、积极参与的老师们，是你们的智慧和努力，为本书注入了生命力。每一位老师都以极高的热情和责任心，对每一个细节进行深入探讨，确保内容的准确性和实用性，大家执着的敬业精神，是我们完成此书的重要支撑。

我们要向那些提供案例的一线教师们致以崇高的敬意——苏州市吴江区盛泽幼儿园李清、钱凤梅、李婷、徐苗苗、苏艳、李伟娟、梅金亚、陈菲菲、朱玉红，苏州市吴江区南麻幼儿园倪佳怡、戴怡琳、陈佳灵、王芳芳、沈诗佳、徐萍、顾恩赐、金诗艳、金诗艳、吴芳芳等，你们的实践经验是本书最宝贵的财富，正是有了你们在教育一线多年的积累和总结，我们才能够从中提炼出具有指导意义的实践案例。这些案例不仅为本书增色不少，更为广大教师提供了可借鉴的经验。

这里要特别感谢张晗教授，他提出的“经验视野”理念及伴随式指导，使本书所阐述的各阶段探索经验得以有效提炼，并最终得以出版与大家见面。

此外，还要感谢苏州市吴江区教育局领导的关心和支持，是你们的决策和推动，让本书的出版得以顺利进行，为我们的研究工作提供了强大的后盾。

未来的路还很长，我们将继续努力，为孩子们的科学教育贡献更多的力量。愿每一个孩子都能在科学的海洋中自由翱翔，发现未知的世界，收获知识的果实。